Δρ. Τζέροκ Λι

Ο Θεραπευτής Θεός

Και είπε [ο Κύριος]:
Αν ακούσεις επιμελώς τη φωνή του Κυρίου του Θεού σου,
και πράττεις το αρεστό στα μάτια του, και δώσεις ακρόαση στις εντολές του,
και φυλάξεις όλα τα προστάγματά του,
δεν θα φέρω επάνω σου καμιά από τις αρρώστιες,
που έφερα ενάντια στους Αιγυπτίους· επειδή,
εγώ είμαι ο Κύριος, που σε θεραπεύω.
(Έξοδος 15:26)

Ο **Θεραπευτης Θεος** υπό τον Δρα Τζέροκ Λι
Εκδόθηκε από τον εκδοτικό οίκο Urim Books (Αντιπρόσωπος: Kyungtae Noh)
73, Yeouidaebang-ro 22-gil, Dongjak-gu, Σεούλ, Κορέα
www.urimbooks.com

Με την επιφύλαξη κάθε νόμιμου δικαιώματος. Απαγορεύεται η αναδημοσίευση, η αποθήκευση σε κάποιο σύστημα διάσωσης, και γενικά η αναπαραγωγή του παρόντος έργου, με οποιονδήποτε τρόπο ή μορφή, τμηματικά ή περιληπτικά, στο πρωτότυπο ή σε μετάφραση ή άλλη διασκευή, χωρίς την γραπτή άδεια του εκδότη.

Copyright © 2017 Dr Jaerock Lee
ISBN: 979-11-263-0356-4 03230
Copyright Μετάφρασης © 2014 Dr Esther K. Chung. Χρήση μετά αδείας.

Προηγούμενη έκδοση στα Κορεάτικα το 2002 από τον εκδοτικό οίκο Urim Books.

Πρώτη Έκδοση τον Αυγουστον τον 2017

Επιμέλεια Έκδοσης: Dr. Geumsun Vin
Σχεδιασμός: Εκδοτικό Γραφείο Urim Books
Εκτύπωση: Prione Company
Για περισσότερες πληροφορίες επικοινωνήστε μέσω του
urimbook@hotmail.com

Μήνυμα επί της Δημοσίευσης

Καθώς ο υλικός πολιτισμός και η ευημερία συνεχίζουν να προοδεύουν και να αυξάνονται, βρίσκουμε ότι στην σημερινή εποχή ο κόσμος έχει περισσότερο χρόνο και περισσότερα μέσα να διαθέσει. Άλλωστε, για να πετύχουν πιο υγιείς και πιο άνετες ζωές, οι άνθρωποι επενδύουν χρόνο και πλούτη και δίνουν μεγάλη προσοχή σε ποικίλες χρήσιμες πληροφορίες.

Κι όμως, επειδή η ανθρώπινη ζωή, τα γεράματα, οι ασθένειες, και ο θάνατος είναι υπό την κυριαρχία του Θεού, δεν είναι δυνατόν να εξαρτιούνται από την δύναμη του χρήματος ή των γνώσεων. Επιπλέον, το γεγονός το οποίο δεν μπορεί κανείς να αρνηθεί είναι ότι ασχέτως της πολύ εξελιγμένης ιατρικής επιστήμης, η οποία είναι προϊόν των γνώσεων του ανθρώπου που έχουν συσσωρευτεί μεσ' τους αιώνες, ο αριθμός των ασθενών που υποφέρουν από ανίατες και ακραίες νόσους έχει αυξηθεί σταθερά.

Σ' όλη την διάρκεια της ιστορίας του κόσμου, υπήρξαν αναρίθμητοι άνθρωποι ποικίλων πίστεων και γνώσεων –

συμπεριλαμβανομένων του Βούδα και του Κομφούκιου – αλλά όλοι τους παρέμεναν σιωπηλοί όταν έρχονταν αντιμέτωποι με την συγκεκριμένη ερώτηση, και ουδείς απ' αυτούς δεν κατάφερε να αποφύγει τα γερατειά, τα νοσήματα και τον θάνατο. Αυτή η ερώτηση συνδέεται με την αμαρτία και με το θέμα της σωτήριας της ανθρωπότητας, και κανένα από αυτά τα δύο δεν λύνεται από τον άνθρωπο.

Σήμερα υπάρχουν πολλά νοσοκομεία και φαρμακεία τα οποία είναι εύκολα προσβάσιμα και δίνουν την εντύπωση ότι θα λυτρώσουν την κοινωνία μας από τις νόσους κι ότι θα της χαρίσουν υγειά. Ωστόσο, τα σώματά μας κι όλος ο κόσμος έχουν γεμίσει με διάφορες νόσους, από την κοινή γρίπη μέχρι νοσήματα άγνωστης καταγωγής και στελέχη για τα οποία δεν υπάρχει θεραπεία. Ο κόσμος ρίχνει γρήγορα την ευθύνη στο κλίμα και στο περιβάλλον ή τα εξηγεί ως φυσικά και σωματικά φαινόμενα, και αρχίζει να εξαρτάται από φάρμακα και από την ιατρική τεχνολογία.

Για να λάβουμε βαθειά θεραπεία και να ζήσουμε

υγιή ζωή, ο καθένας μας πρέπει να κατανοήσει από που προέρχεται μια ασθένεια, και πώς μπορούμε να λάβουμε θεραπεία. Το Ευαγγέλιο και η αλήθεια έχουν πάντοτε δυο πλευρές: γι' αυτούς που δεν τα δέχονται επίκεινται το ανάθεμα και η τιμωρία, ενώ για εκείνους που τα δέχονται τους περιμένουν ζωή και ευλογίες. Είναι βούληση του Θεού να μένει η αλήθεια κρυφή σε τέτοιους σαν τους Φαρισαίους και τους νομοδιδασκάλους που έχουν την εντύπωση ότι είναι σοφοί και ευφυείς, και είναι επίσης βούληση του Θεού να αποκαλύπτεται η αλήθεια σε εκείνους που είναι σαν τα παιδιά, που την επιθυμούν και που ανοίγουν την καρδιά τους (Κατά Λουκά 10:21).

Ο Θεός έχει ξεκάθαρα υποσχεθεί ευλογίες για αυτούς που υπακούν και ζουν σύμφωνα με τις εντολές Του, ενώ έχει επίσης καταγράψει με λεπτομέρεια το ανάθεμα και όλες τις μορφές ασθένειας που θα επέλθουν σε εκείνους που παρακούν τις εντολές Του (Δευτερονόμιον 28:1-68).

Όταν υπενθυμίζουμε τον Λόγο του Θεού στους άπιστους

ή σε ορισμένους πιστούς που Τον παραβλέπουν, αυτή η ενέργεια στοχεύει να τοποθετήσει αυτούς τους ανθρώπους στην ορθή πορεία για να βρουν λύτρωση από τα νοσήματά τους.

Όσο συνεχίζετε να ακούτε, να διαβάζετε, να καταλαβαίνετε, και να μετατρέπετε σε τροφή τον Λόγο του Θεού, και με την δύναμη του Θεού του Σωτήρα και Θεραπευτή, προσεύχομαι εις το όνομα του Κυρίου ο καθένας σας να λάβει θεραπεία για τις αρρώστιες και για τις νόσους του, μεγάλες και μικρές, και μακάρι να κατοικεί η υγεία μέσα σε εσάς και στην οικογένειά σας!

Τζέροκ Λι

Περιεχόμενα

Ο Θεραπευτης Θεος

Μήνυμα επί της Δημοσίευσης

Κεφάλαιο 1
Η Προέλευση των Ασθενειών και η Αχτίνα Θεραπείας   1

Κεφάλαιο 2
Θέλεις Να Γίνεις Καλά;   15

Κεφάλαιο 3
Ο Θεραπευτής Θεός   37

Κεφάλαιο 4
Με το Μαρτύριό Του Θεραπευόμαστε   53

Κεφάλαιο 5
Η Δύναμη Της Θεραπείας Αναπηριών   73

Κεφάλαιο 6
Τρόποι Θεραπείας Για Τους Δαιμονισμένους   89

Κεφάλαιο 7
Η Πίστη και η Υπακοή του Νεεμάν του Λεπρού   109

Κεφάλαιο 1

Η Προέλευση των Ασθενειών και η Αχτίνα Θεραπείας

Σε σας, όμως, που φοβάστε το όνομά μου,
θα ανατείλει ο ήλιος της δικαιοσύνης,
με θεραπεία στις φτερούγες του· και θα βγείτε,
και θα σκιρτήσετε σαν μοσχάρια της φάτνης.

Μαλαχίας 4:2

1. Η Λανθάνουσα Αιτία των Ασθενειών

Επειδή οι άνθρωποι επιθυμούν να ζουν ευτυχισμένα και με υγεία κατά την διάρκεια του χρόνου που έχουν σ' αυτήν την γη, καταναλώνουν διαφόρων ειδών τροφές που θεωρούνται ωφέλιμες για την υγεία, και ερευνούν και δίνουν προσοχή σε απόκρυφες μεθόδους. Παρά την πρόοδο του υλικού πολιτισμού και της ιατρικής επιστήμης, όμως, η πραγματικότητα είναι ότι το μαρτύριο από ανίατες και θανατηφόρες ασθένειες δεν είναι δυνατόν να αποτραπεί.

Δεν είναι δυνατόν να απαλλαγεί ο άνθρωπος από την αγωνία της αρρώστιας κατά τον χρόνο του σ' αυτήν την γη;

Ο περισσότερος κόσμος γρήγορα ρίχνει το φταίξιμο στο περιβάλλον και στο κλίμα, ή με ευκολία θεωρούν τις ασθένειες ως φυσικό η σωματικό φαινόμενο, και βασίζονται στα φάρμακα και στη ιατρική τεχνολογία. Μόλις εξακριβωθούν οι πήγες κάθε είδους νόσου και ασθένειας, τότε, μπορεί ο καθένας μας να απαλλαγεί απ' αυτές.

Η Βίβλος μάς παρουσιάζει βασικούς τρόπους δια μέσου των οποίων είμαστε ικανοί να ζούμε ζωή απελευθερωμένη από νοσήματα, και τρόπους θεραπείας για όταν αρρωστήσουμε:

Και είπε [ο Κύριος]: Αν ακούσεις επιμελώς τη φωνή του Κυρίου του Θεού σου, και πράττεις το αρεστό στα μάτια του, και δώσεις ακρόαση στις εντολές του, και φυλάξεις όλα τα προστάγματά του, δεν θα φέρω επάνω σου καμιά από τις αρρώστιες, που έφερα ενάντια στους Αιγυπτίους· επειδή, εγώ είμαι ο Κύριος, που σε θεραπεύω (Έξοδος 15:26).

Αυτός είναι ο ακριβής Λόγος του Θεού, ο οποίος διευθύνει την ζωή, τον θάνατο, το ανάθεμα και την ευλογία, που μας δίδονται κατά πρόσωπον.

Τότε, τι είναι η ασθένεια και γιατί μεταδίδεται σ' εμάς; Με ιατρικούς όρους, η λέξη «νόσος» αναφέρεται σε όλων των ειδών τις αναπηρίες σε διάφορα μέρη του σώματος – σε ασυνήθιστη ή ανώμαλη κατάσταση υγείας – και αναπτύσσεται και μεταδίδεται επί το πλείστον από βακτήρια. Μ' αλλά λόγια, νόσος σημαίνει ανώμαλη σωματική κατάσταση η οποία προκαλείται από δηλητήρια ή από βακτήρια.

Στην Έξοδο, χωρίο 9:8-9, περιγράφεται η διαδικασία δια μέσου της οποίας η πανούκλα των εξανθημάτων έπεσε στην Αίγυπτο:

ΤΟΤΕ, ο Κύριος είπε στον Μωυσή και στον Ααρών: «Γεμίστε τα χέρια σας με στάχτη από καμίνι, και ας τη σκορπίσει ο Μωυσής προς τον ουρανό μπροστά στον Φαραώ· και θα γίνει λεπτή σκόνη επάνω σε ολόκληρη τη γη της Αιγύπτου· και θα γίνει επάνω στους ανθρώπους, κι επάνω στα κτήνη, κάψιμο που θα επιφέρει ελκώδη εξανθήματα, σε ολόκληρη τη γη της

Αιγύπτου.»

Στην Έξοδο, χωρίο 11:4-7, διαβάζουμε ότι ο Θεός έκανε διάκριση ανάμεσα στον λαό των Ισραηλιτών και στον λαό των Αιγυπτίων. Στους Ισραηλίτες που λάτρευαν τον Θεό, δεν θα έπεφτε πανούκλα, ενώ στους Αιγυπτίους που ούτε λάτρευαν ούτε ζούσαν σύμφωνα με το θέλημα του Θεού, θα έπεφτε πανούκλα στα πρωτότοκα παιδιά τους.

Μέσα από την Βίβλο μαθαίνουμε ότι και τα νοσήματα είναι υπό την κυριαρχία του Θεού, ότι προστατεύει από τις αρρώστιες εκείνους που Τον τιμούν, κι ότι οι ασθένειες διεισδύουν εκείνους που αμαρτάνουν, διότι ο Θεός αποστρέφει το πρόσωπό του μακριά από τέτοια άτομα.

Γιατί τότε υπάρχουν οι αρρώστιες και το μαρτύριο από τις ασθένειες; Μήπως αυτό σημαίνει ότι ο Θεός ο Πλάστης δημιούργησε την νόσο τον καιρό της δημιουργίας, ώστε να ζει ο άνθρωπος με τον κίνδυνο της ασθένειας; Ο Θεός δημιούργησε τον άνθρωπο και ελέγχει τα πάντα στην οικουμένη με καλοσύνη, δικαιοσύνη και αγάπη.

Ο Θεός, αφού δημιούργησε το πιο κατάλληλο περιβάλλον για να ζει ο άνθρωπος (Γένεσις 1:3-25), ποίησε τον άνθρωπο κατά εικόνα του Εαυτού Του, και τους ευλόγησε επιτρέποντάς τους ύψιστη ελευθερία και εξουσία.

Καθώς περνούσε ο καιρός, οι άνθρωποι απολάμβαναν ελεύθερα τις δοσμένες εκ του Θεού ευλογίες, καθώς υπάκουαν τις εντολές Του, και ζούσαν στον Κήπο της Εδέμ όπου δεν υπήρχαν δάκρυα, θλίψη, πάθη, ή νοσήματα. Όταν ο Θεός είδε ότι όλα όσα είχε πλάσει ήταν καλά (Γένεσις 1:31), έδωσε μια εντολή: *«Από κάθε δέντρο του παραδείσου θα τρως ελεύθερα, από το δέντρο της γνώσης τού καλού και του κακού, όμως, δεν θα φας απ' αυτό· επειδή, την ίδια ημέρα που θα φας απ' αυτό, θα πεθάνεις οπωσδήποτε»* (Γένεσις 2:16-17).

Ωστόσο, όταν το πονηρό φίδι είδε ότι οι άνθρωποι δεν διατήρησαν στο μυαλό τους την εντολή του Θεού, αλλά την παραμέλησαν, τότε έβαλε την Εύα, την σύζυγο του πρωτόπλαστου ανδρός, σε πειρασμό. Όταν ο Αδάμ και η Εύα έφαγαν τον καρπό από το δέντρο της γνώσεως του καλού και του κακού, και αμάρτησαν (Γένεσις 3:1-6), όπως τους είχε προειδοποιήσει ο Θεός ο θάνατος ήλθε στον άνθρωπο (Προς Ρωμαίους 6:23).

Αφού ο άνθρωπος διέπραξε την αμαρτία της ανυπακοής κι έλαβε τον μισθό της αμαρτίας κι αντίκρισε τον θάνατο, το πνεύμα μέσα του – ο αφέντης του – πέθανε και αυτό, και η επικοινωνία μεταξύ Θεού και ανθρώπου έπαυσε να υπάρχει. Κυνηγήθηκαν από τον Κήπο της Εδέμ και γνώρισαν ζωή με δάκρυα, θλίψη, πόνους, νόσους και τον θάνατο. Καθώς τα πάντα επί της γης έγιναν καταραμένα, η γη άρχισε να βγάζει αγκάθια και γαϊδουράγκαθα, και μονάχα με τον ιδρώτα των κόπων τους μπορούσαν να φάνε τις τροφές τους (Γενεσις 3:16-24).

Έτσι, η λανθάνουσα αιτία των νόσων είναι το προπατορικό αμάρτημα, το οποίο συνέβη με την ανυπακοή του Αδάμ. Αν ο Αδάμ δεν είχε παρακούσει τον Θεό, δεν θα είχε εκδιωχθεί από τον Παράδεισο της Εδέμ και θα ζούσε υγιή ζωή όλα του τα χρόνια. Μ' αλλά λόγια, εξαιτίας ενός ανθρώπου κάθε άνθρωπος έχει γίνει αμαρτωλός, και κατέληξε να ζει με κινδύνους και με μαρτύρια από κάθε είδους νόσο. Αν δεν λυθεί πρώτα το πρόβλημα της αμαρτίας, δεν θα δικαιωθεί κανείς από έργα του νόμου ενώπιον του Θεού (Προς Ρωμαίους 3:20).

2. Ο Ήλιος της Δικαιοσύνης με Θεραπεία στις Φτερούγες Του

Ο Μαλαχίας στο εδάφιο 4:2 μας λέει, *«Σε σας, όμως, που φοβάστε το όνομά μου, θα ανατείλει ο ήλιος της δικαιοσύνης, με θεραπεία στις φτερούγες του· και θα βγείτε, και θα σκιρτήσετε σαν μοσχάρια της φάτνης.»* Εδώ, ο «ήλιος της δικαιοσύνης» αναφέρεται στον Μεσσία.

Για την ανθρωπότητα, βρισκόμενη στον δρόμο προς την καταστροφή και υποφέροντας από τις ασθένειες, ο Θεός μάς λυπήθηκε και μας λύτρωσε από όλες τις αμαρτίες δια μέσου του Ιησού Χριστού, Τον οποίον προετοίμασε και Τον άφησε να σταυρωθεί και να χύσει όλο του το αίμα. Επομένως, όλοι όσοι έχουν δεχθεί τον Ιησού Χριστό, έχουν συγχωρεθεί για τις αμαρτίες τους, και έχουν φθάσει στην σωτηρία, τώρα μπορούν να απαλαγούν από τις νόσους και να ζήσουν υγιή ζωή. Επειδή τα πάντα αναθεματίστηκαν, ο άνθρωπος, όσο είχε πνοή, ήταν αναγκασμένος να ζει με τον κίνδυνο από τις ασθένειες, αλλά με την αγάπη και την χάρη του Θεού τώρα έχει ανοίξει ο δρόμος προς την απαλλαγή από τις νόσους.

Όταν τα τέκνα του Θεού αντιστέκονται στην αμαρτία μέχρι του σημείου να χύνουν το αίμα τους (Προς Εβραίους 12:4) και ζουν σύμφωνα με τον Λόγο Του, θα τα προστατεύσει με τους οφθαλμούς Του τους φλογερούς σαν το πυρ, και θα τα προφυλάσσει με τον φλογερό τοίχο του Αγίου Πνεύματος, ώστε κανένα δηλητήριο στον αέρα δεν θα μπορεί να διαπεράσει στα σώματά τους. Κι αν αδιαθετήσει κάποιος, με την μεταμέλεια και με την αλλαγή στους τρόπους του ο Θεός θα ζεματίσει την νόσο και θα θεραπεύσει τα προσβεβλημένα σημεία. Αυτή είναι η θεραπεία μέσω του «ήλιου της δικαιοσύνης».

Η σύγχρονη ιατρική επιστήμη έχει αναπτύξει την υπεριώδη θεραπεία, η οποία στην εποχή μας χρησιμοποιείται τακτικά για την πρόληψη και την ίαση ποικίλων ασθενειών. Οι υπεριώδεις αχτίνες έχουν θετική επίδραση στην απολύμανση και δημιουργούν χημικές μεταβολές στο σώμα. Αυτή η θεραπεία καταστρέφει περίπου 99% των βακίλων του παχέος εντέρου, την διφθερίτιδα, τα βακτηρίδια της δυσεντερίας, κι είναι επίσης αποτελεσματική με την φυματίωση, την ραχίτιδα, την αναιμία, τους ρευματισμούς, και με νόσους του δέρματος. Μια τέτοια θεραπεία, που είναι τόσο βοηθητική και ισχυρή όσο είναι η υπεριώδης θεραπεία, παρόλα αυτά δεν μπορεί να εφαρμοστεί για όλες τις ασθένειες.

Μονάχα ο «ήλιος της δικαιοσύνης με θεραπεία στις φτερούγες του», όπως αναγράφεται και στην Αγία Γραφή, είναι η αχτίνα της δύναμης που θεραπεύει όλες τις ασθένειες. Οι αχτίνες του ήλιου της δικαιοσύνης μπορούν να χρησιμοποιηθούν για την ίαση όλων των ειδών νόσου, κι επειδή μπορούν να εφαρμοστούν σε όλον τον κόσμο, ο τρόπος με τον οποίον θεραπεύει ο Θεός είναι πράγματι απλός κι όμως τέλειος, και στην ουσία ο ανώτερος.

Λίγο καιρό μετά την ίδρυση της εκκλησίας μου, ένας ασθενής ο οποίος πλησίαζε τον θάνατο κι υπέφερε με φρικτούς πόνους από παράλυση και καρκίνο, ήρθε πάνω σε φορείο. Ήταν ανίκανος να μιλήσει διότι η γλώσσα του είχε σκληρύνει κι ανίκανος να κινήσει το σώμα του διότι είχε παραλύσει ολόκληρο. Εφόσον οι γιατροί τον είχαν καταδικάσει, η σύζυγος του ασθενή, η οποία είχε πιστέψει στην δύναμη του Θεού, συνέστησε στον άνδρα της να παραδώσει τα πάντα εις Αυτόν. Αντιλαμβανόμενος ότι ο μόνος τρόπος για να κρατηθεί στην ζωή ήταν ν' αρπαχθεί από τον Θεό και να Τον ικετεύσει, ο ασθενής προσπάθησε να Τον λατρεύσει ξαπλωμένος, κι η σύζυγός του παρακαλούσε τον Θεό με αγάπη και πίστη. Βλέποντας την πίστη αυτών των δυο, κι εγώ προσευχήθηκα. θερμά γι' αυτόν τον άνθρωπο. Λίγο αργότερα, ο άνδρας αυτός ο οποίος προηγουμένως καταδίωκε την γυναίκα του λόγω της πίστης της στον Ιησού, μετανόησε, ξεσκίζοντας την καρδιά του, κι ο Θεός έστειλε την αχτίδα της θεραπείας, ζεμάτισε το σώμα του ανδρός με πυρ του Αγίου Πνεύματος, και καθάρισε το σώμα του. Αλληλούια! Καθώς η λανθάνουσα αιτία της νόσου ζεματίστηκε, σε λίγο καιρό αυτός ο άνδρας άρχισε να περπατάει και να τρέχει, κι έγινε πάλι καλά. Είναι περιττό να αναφέρω πως με τα εκπληκτικά έργα της θεραπείας του Θεού, τα μέλη της Μάνμιν Τον δόξασαν, ενώ ξέσπασαν σε χαρά μ' αυτήν την εμπειρία.

3. Για Εσάς Που Τιμάτε Το Όνομά Μου

Ο δικός μας Θεός, είναι Θεός παντοδύναμος, έπλασε τα πάντα στο σύμπαν με τον Λόγο Του, και ποίησε τον άνθρωπο από το χώμα. Εφόσον τέτοιου είδους Θεός έχει γίνει ο Πατέρας μας, όταν εξαρτώμεθα πλήρως από αυτόν με την πίστη μας, ακόμα και αν αρρωστήσουμε, θα δει και θα αναγνωρίσει την πίστη μας, και θα μας γιατρέψει πρόθυμα. Δεν είναι σφάλμα να γιατρεύεται ο κόσμος στο νοσοκομείο, αλλά ο Θεός χαίρεται με τα τέκνα Του όταν πιστεύουν στην παντογνωσία και στην παντοδυναμία Του, κι όταν στρέφονται προς Αυτόν με ειλικρίνεια για να λάβουν θεραπεία και να Τον δοξάσουν.

Στην Βασιλέων Β', εδάφιο 20:1-11, υπάρχει η ιστορία του Εζεκία, του βασιλιά των Ιουδαίων, ο οποίος αρρώστησε όταν η Ασσυρία εισέβαλε στο βασιλειό του, αλλά γιατρεύτηκε εντελώς τρεις μέρες μετά την προσευχή του στον Θεό, και παρατάθηκε ο βιος του κατά δεκαπέντε χρόνια.

Δια μέσου του προφήτη Ησαΐα, λέει ο Θεός στον Εζεκία *«Διάταξε για τον οίκο σου, επειδή πεθαίνεις, και δεν θα ζήσεις»* (Βασιλέων Β' 20:1, Ησαΐας 38:1). Μ' αλλά λόγια, του Εζεκία του δόθηκε θανατική καταδίκη, και τον συμβούλεψε ο Θεός να προετοιμασθεί για τον θάνατό του, και να κανονίσει τις υποθέσεις του με το βασιλείο του και με την οικογένειά του. τότε ο Εζεκία έστρεψε το πρόσωπό του προς τον τοίχο και προσευχήθηκε στον Κύριο (Βασιλέων Β' 20:2). Ο βασιλιάς συνειδητοποίησε ότι η νόσος του ήταν αποτέλεσμα της σχέσης που είχε με τον Θεό, τα έβαλε όλα στην πάντα, και αποφάσισε να προσευχηθεί.

Ο Εζεκίας προσευχήθηκε θερμά και δακρυσμένος, κι ο Θεός του λέει και του υπόσχεται, *«Άκουσα την προσευχή σου, είδα τα δάκρυά σου· δες, θα προσθέσω στις ημέρες σου 15 χρόνια·και θα ελευθερώσω εσένα κι αυτή την πόλη από το χέρι του βασιλιά της Ασσυρίας, και θα υπερασπιστώ αυτή την πόλη»* (Ησαΐας 38:5-6). Μπορούμε να συμπεράνουμε ότι ο Εζεκία προσευχήθηκε με ειλικρίνεια και θερμότητα για να του πει ο Θεός, «Άκουσα τις προσευχές σου και είδα τα δάκρυά σου».

Ο Θεός, ο οποίος ανταποκρίθηκε στην παράκληση του Εζεκία, τον θεράπευσε πλήρως, για να μπορέσει να ανέβει στον ναό Του σε τρεις μέρες. Επίσης, ο Θεός επέκτεινε την ζωή του Εζεκία προσθέτοντας αλλά δεκαπέντε έτη, και για την υπόλοιπη ζωή του Εζεκία, ο Θεός προστάτευε την πόλη της Ιερουσαλήμ από την απειλή της Ασσυρίας.

Επειδή ο Εζεκίας γνώριζε ότι το ζήτημα της ζωής και του θανάτου είναι υπό την κυριαρχία του Θεού, η προσευχή στον Θεό είχε ύψιστη σημασία γι' αυτόν. Ο Θεός χάρηκε με την ταπεινή καρδιά και με την πίστη του Εζεκία, του υποσχέθηκε πλήρη γιατρειά, κι όταν ο Εζεκία έψαξε για ένδειξη της θεραπείας, ο Θεός έστρεψε την σκιά προς τα πίσω κατά δέκα βαθμούς, με τους βαθμούς που κατέβηκε στους βαθμούς του ηλιακού ωρολογίου του Άχαζ (Βασιλέων Β' 20:11). Ο Θεός μας είναι θεραπευτής Θεός, είναι πολύ συμπονετικός Πατέρας, και δίνει σ' εκείνους που θα ζητήσουν.

Αντιθέτως στο Χρονικών Β', εδάφιο 16:12-13, βρίσκουμε ότι, *«Και ο Ασά αρρώστησε στα πόδια του στον 39ο χρόνο της βασιλείας του, μέχρις ότου η αρρώστια του έγινε πολύ μεγάλη· όμως, ούτε στην αρρώστια του εκζήτησε τον Κύριο, αλλά τους γιατρούς. Και ο Ασά κοιμήθηκε μαζί με τους πατέρες του· και πέθανε τον 41ο χρόνο της βασιλείας του.»* Στην αρχή της βασιλείας του, *«ο Ασά έκανε το ευθύ μπροστά στον Κύριο, όπως ο Δαβίδ ο πατέρας του»* (Βασιλέων Α' 15:11). Αρχικά, ήταν σοφός ηγεμόνας, αλλά εφόσον σιγά–σιγά έχασε την πίστη του στον Θεό, κι άρχισε να βασίζεται περισσότερο στον άνθρωπο, ήταν πλέον ανίκανος να λάβει την συνδρομή του Θεού.

Όταν ο Βαασά, ο βασιλεύς του Ισραήλ, εισέβαλε στην Ιουδαία, ο Ασά στηρίχθηκε στον Βεν–αδάδ, τον βασιλιά του Αράμ, κι όχι στον Θεό. Για τούτον τον λόγο, ο Ανανι ο μάντις κατηγόρησε τον Ασά, αλλά αυτός δεν άλλαξε την συμπεριφορά του, κι αντιθέτως φυλάκισε τον μάντη και καταδυνάστευσε τον ίδιο τον λαό του (Χρονικών Β' 16:7-10).

Πριν αρχίσει ο Ασά να βασίζεται στον βασιλιά του Αράμ, ο Θεός είχε επενέβη στον στρατό του Αράμ, για να μην μπορεί να εισβάλει στην Ιουδαία. Από την στιγμή όμως που ο Ασά στηρίχθηκε στον βασιλιά του Αράμ αντί στον Θεό, ο βασιλιάς της Ιουδαίας, δεν μπορούσε πλέον να λαμβάνει βοήθεια από τον Θεό. Επιπλέον, δεν μπορούσε ο Θεός να είναι ευχαριστημένος με τον Ασά εφόσον αυτός ζητούσε την βοήθεια των γιατρών αντί τη δική Του. Αυτή ήταν η αιτία που ο θάνατος βρήκε τον Ασά μονάχα δυο έτη αφού έπαθε την νόσο των ποδιών του. Αν κι ο Ασά δήλωνε την πίστη του στον Θεό, επειδή δεν εκδήλωνε καμία πράξη πίστης και παραμελούσε να καλέσει τον Θεό, ο παντοδύναμος Θεός δεν μπόρεσε να κάνει τίποτε για τον βασιλιά.

Η αχτίνα της θεραπείας από τον Θεό μας γιατρεύει κάθε τύπου νόσο, ώστε οι παράλυτοι μπορούν να περπατήσουν, οι τυφλοί να δουν, οι κούφοι ν' ακούσουν, και οι νεκροί να αναστηθούν. Επειδή, λοιπόν, ο Θεός ο θεραπευτής έχει απεριόριστη δύναμη, η σοβαρότητα της ασθένειας είναι ασήμαντη. Απ' την πιο ασήμαντη νόσο, σαν το κρυολόγημα, μέχρι την νόσο του καρκίνου, όλες είναι ίδιες για τον θεραπευτή Θεό. Το πιο σπουδαίο ζήτημα είναι το είδος της καρδιάς που παρουσιάζουμε ενώπιον του Θεού:

είναι καρδιά όμοια με του Ασά ή του Εζεκία;

Μακάρι να δεχθείτε τον Ιησού Χριστό, να λάβετε απάντηση για το πρόβλημα της αμαρτίας, να θεωρηθείτε δίκαιοι και πιστοί, να ευχαριστήσετε τον Θεό με ταπεινή καρδιά και με πίστη συνοδευόμενη από πράξεις σαν του Εζεκία, να λαμβάνετε γιατρειά για οποιαδήποτε και για όλες τις νόσους, και προσεύχομαι να ζείτε πάντα υγιή ζωή, στο όνομα του Κυρίου μας!

Κεφάλαιο 2

Θέλεις Να Γίνεις Καλά;

Υπήρχε εκεί και κάποιος
άνθρωπος, που για 38 χρόνια έπασχε από ασθένεια.
Αυτόν, μόλις τον είδε ο Ιησούς ότι ήταν κατάκοιτος,
και ξέροντας ότι πάσχει ήδη πολύ καιρό,
του λέει: Θέλεις να γίνεις υγιής;

Κατά Ιωάννη 5:5-6

1. Θέλετε να Γίνετε Υγιείς;

Υπάρχουν πολλές διαφορετικές περιπτώσεις ανθρώπων, δίχως προηγούμενη επίγνωση του Θεού, οι οποίοι άρχισαν να τον ζητούν και να παρουσιάζονται ενώπιόν Του. Ορισμένοι ήρθαν σε Αυτόν ακολουθώντας την καλή τους συνείδηση, ενώ άλλοι για να Τον γνωρίσουν αφού άκουσαν το Ευαγγέλιο. Άλλοι ήρθαν να Τον βρουν μετά από πολύ σκεπτικισμό περί της ζωής τους, λόγω αποτυχίας στις επιχειρήσεις τους, ή λόγω διχόνοιας στην οικογένεια. Κι άλλοι πάλι, Τον πλησίασαν με επείγουσα καρδιά, υποφέροντας από φρικτούς σωματικούς πόνους, ή από τον φόβο του θανάτου.

Όπως ο ανάπηρος, ο οποίος ζούσε με οδύνη για τριάντα οκτώ έτη δίπλα σε μια λίμνη ονομαζόμενη Βηθεσδά, έτσι κι εσείς για να εμπιστευθείτε την νόσο σας πλήρως στον Θεό και για να λάβετε γιατρειά, πρέπει πάνω από όλα να επιθυμείτε να γιατρευτείτε.

Στην Ιερουσαλήμ, κοντά στην προβατική πύλη, υπήρχε μια μικρή λίμνη, η οποία στα Εβραϊκά λέγεται «Βηθεσθά». Την περικύκλωναν πέντε στοές στις οποίες μαζεύονταν και ξάπλωναν οι τυφλοί, οι κουτσοί και οι παράλυτοι, διότι υπήρχε ένας θρύλος ότι από καιρό σε καιρό, κατέβαινε άγγελος Θεού και τάραζε τα ύδατα. Πίστευαν κι ότι ο πρώτος που θα μπει στην λίμνη μετά από κάθε ταραχή του ύδατος, της οποίας το όνομα είχε το νόημα «Οίκος του Ελέους», θα γιατρευόταν από οποιαδήποτε νόσο.

Βλέποντας έναν που ήταν ανάπηρος για τριάντα οκτώ έτη ξαπλωμένο δίπλα στην λίμνη, και ξέροντας ήδη για πόσον καιρό υπέφερε αυτός ο άνθρωπος, ο Ιησούς τον ρώτησε, «Θέλεις να γίνεις υγιής;» Ο άνθρωπος αποκρίθηκε, *«Κύριε, δεν έχω άνθρωπο, για να με βάλει μέσα στη μικρή λίμνη, όταν το νερό ταραχθεί· και ενώ έρχομαι εγώ, άλλος πριν από μένα κατεβαίνει»* (Κατά Ιωάννην 5:7). Με αυτήν την κουβέντα, ο άνθρωπος εξομολογήθηκε στον Κύριο, ότι αν και επιθυμούσε ειλικρινά να γίνει υγιής, δεν μπορούσε να προχωρήσει μόνος του. Ο Κύριος μας είδε την καρδιά του ανθρώπου και του είπε, *«Σήκω επάνω, πάρε το κρεβάτι σου, και περπάτα»* και αμέσως ο άνθρωπος γιατρεύθηκε: σήκωσε το κρεβάτι του και περπάτησε (Κατά Ιωάννην 5:8).

2. Πρέπει Να Δεχθείτε Τον Ιησού Χριστό

Όταν εκείνος ο άνθρωπος, ο οποίος ήταν ανάπηρος για τριάντα οκτώ χρόνια, γνώρισε τον Ιησού Χριστό, έλαβε αμέσως θεραπεία. Καθώς πίστεψε στον Ιησού Χριστό, την πηγή του αληθινού φωτός, συγχωρέθηκε για όλες του τις αμαρτίες και γιατρεύτηκε από την νόσο του.

Βρίσκεται κανείς από εσάς σε μαρτύριο λόγω της νόσου σας; Αν υποφέρετε από ασθένεια και θέλετε να παρουσιασθείτε ενώπιον του Θεού και να θεραπευθείτε, πρώτα πρέπει να δεχθείτε τον Ιησού Χριστό, να γίνετε τέκνο του Θεού, και να λάβετε συγχώρηση για να αφαιρέσετε όποιο εμπόδιο υπάρχει μεταξύ σας. Πρέπει τότε να πιστέψετε ότι ο Θεός είναι παντογνώστης και παντοδύναμος, κι ότι είναι ικανός να εκτελέσει οποιοδήποτε θαύμα. Πρέπει να πιστέψετε ότι έχουμε λυτρωθεί από όλες τις ασθένειές μας με το μαστίγωμα του Ιησού, κι ότι όταν ζητάτε εις το όνομα του Ιησού Χριστού, θα λάβετε θεραπεία.

Όταν ζητάμε με τέτοιου είδους πίστη, ο Θεός θα ακούσει την προσευχή της πίστης μας και θα εκδηλώσει το έργο της θεραπείας. Ασχέτως πόσο παλιά ή πόσο κρίσιμη είναι η αρρώστια σας, πρέπει με σιγουριά να εμπιστευθείτε όλα τα προβλήματα που προέρχονται από την νόσο στον Θεό, θυμίζοντας στον εαυτό σας ότι είναι δυνατόν να γίνετε πάλι τελείως υγιείς αμέσως μόλις σας γιατρέψει ο Θεός της δύναμης.

Όταν ο παράλυτος που αναφέρεται στο Κατά Μάρκον εδάφιο 2:3-12 πρωτάκουσε ότι ο Ιησούς είχε έρθει στην Καπερναούμ, ο άνθρωπος αυτός ήθελε να παρουσιασθεί ενώπιόν Του. Ακούγοντας τα νέα περί της θεραπευτικής δύναμης του Ιησού σχετικά με διάφορες νόσους, για την αποβολή διαφόρων ακαθάρτων πνευμάτων, και για την γιατρειά των λεπρών, ο παράλυτος πίστεψε ότι κι αυτός μπορεί να γιατρευτεί. Όταν ο παράλυτος αντιλήφθηκε ότι δεν μπορούσε να πλησιάσει πιο κοντά στον Ιησού λόγω του τεράστιου πλήθους που είχε μαζευτεί, με την βοήθεια των φίλων του έσκαψε τρύπα στην ταράτσα της οικίας στην οποία έμενε ο Ιησούς και εκείνοι χαμήλωσαν το κρεβάτι πάνω στο οποίο ήταν ξαπλωμένος, τοποθετώντας τον μπροστά στον Ιησού.

Μπορείτε να φαντασθείτε πόσο λαχταρούσε ο παράλυτος να πάει κοντά στον Ιησού, εφόσον έφθασε στο σημείο να κάνει αυτό το πράγμα; Πώς αντέδρασε ο Ιησούς όταν ο παράλυτος, ο οποίος ήταν ανίκανος να πηγαίνει εδώ και εκεί, και ανίκανος να κινηθεί λόγω του πλήθους, έδειξε την πίστη του και την αφοσίωσή του με την συμπαράσταση των φίλων του; Ο Ιησούς δεν μάλωσε τον παράλυτο για την άσχημη αγωγή του αλλά αντιθέτως του είπε, «Γιε μου, οι αμαρτίες σου συγχωρέθηκαν» και του επέτρεψε να σταθεί όρθιος και να περπατήσει αμέσως.

Στις Παροιμίες, εδάφιο 8:17, ο Θεός μάς λέει, *«Εγώ, εκείνους που με αγαπούν, τους αγαπώ· κι εκείνοι που με ζητούν, θα με βρουν».* Αν θέλετε να είσθε ελεύθεροι από το μαρτύριο της ασθένειας, πρέπει πρώτα να επιθυμείτε σοβαρά να γιατρευτείτε, να πιστεύετε στην δύναμη του Θεού, η οποία μπορεί να λύσει τα προβλήματα της αρρώστιας, και να δεχθείτε τον Ιησού Χριστό.

3. Πρέπει να Καταστρέψετε Το Τείχος της Αμαρτίας

Όσο κι αν πιστεύετε ότι μπορείτε να γιατρευτείτε με την δύναμη του Θεού, δεν μπορεί Αυτός να δουλέψει μέσα σας αν υπάρχει τείχος της αμαρτίας μεταξύ σας.

Γι' αυτό στον Ησαΐα, εδάφιο 1:15-17, ο Θεός μάς λέει, «*Και όταν απλώνετε τα χέρια σας, θα κρύβω από σας τα μάτια μου· ναι, όταν πληθαίνετε δεήσεις, δεν θα εισακούω· τα χέρια σας είναι γεμάτα από αίματα. Λουστείτε, καθαριστείτε· αποβάλετε την κακία των πράξεών σας μπροστά από τα μάτια μου· σταματήστε πράττοντας το κακό, μάθετε να πράττετε το καλό· εκζητήστε κρίση, κάντε ευθύτητα στον καταδυναστευμένο, να κρίνετε τον ορφανό, προστατεύστε τη δίκη της χήρας.*» και έπειτα, στον ακόλουθο στίχο 18 υπόσχεται «*Ελάτε τώρα, και ας διαδικαστούμε· αν οι αμαρτίες σας είναι σαν το πορφυρούν, θα γίνουν άσπρες σαν χιόνι· αν είναι ερυθρές σαν κόκκινο, θα γίνουν σαν άσπρο μαλλί.*»

Βρίσκουμε και το ακόλουθο στον Ησαΐα 59:1-3:

> *ΔΕΣΤΕ, το χέρι του Κυρίου δεν μίκρυνε, ώστε να μη μπορεί να σώσει· ούτε βάρυνε το αυτί του, ώστε να μη μπορεί να ακούσει· αλλά, οι ανομίες σας έβαλαν χωρίσματα ανάμεσα σε σας και στον Θεό σας, και οι αμαρτίες σας έκρυψαν το πρόσωπό του από σας, για να μη ακούει. Επειδή, τα χέρια σας είναι μολυσμένα από αίμα, και τα δάχτυλά σας από ανομία· τα χείλη σας μίλησαν ψέματα· η γλώσσα σας μελέτησε κακία.*

Οι άνθρωποι που δεν γνωρίζουν τον Θεό και που δεν έχουν δεχθεί τον Ιησού Χριστό, και που ζουν την ζωή τους αφ' εαυτών, δεν αντιλαμβάνονται ότι είναι αμαρτωλοί. Όταν οι άνθρωποι δέχονται τον Ιησού Χριστό ως Σωτήρα τους και λαμβάνουν για δώρο το Άγιο Πνεύμα, το Άγιο Πνεύμα θα καταδικάσει τον κόσμο της ενοχής σχετικά με την αμαρτία και με την δικαιοσύνη και την κρίση, και αυτοί θα αναγνωρίσουν και θα ομολογήσουν ότι είναι αμαρτωλοί (Κατά Ιωάννη 16:8-11).

Ωστόσο, επειδή υπάρχουν περιπτώσεις με ανθρώπους που πράγματι δεν ξέρουν λεπτομερώς τι είναι η αμαρτία, και άρα είναι ανίκανοι να αποβάλουν την αμαρτία και την κακοήθεια από μέσα τους και να λάβουν απαντήσεις από τον Θεό, πρέπει πρώτα να μάθουν τι αποτελεί αμαρτία ενώπιόν Του. Διότι, όλες οι νόσοι και οι αρρώστιες προέρχονται από την αμαρτία, και μόνο όταν κοιτάξετε πίσω προς τον εαυτόν σας και καταστρέψετε το τείχος της αμαρτίας, θα δοκιμάσετε το άμεσο αποτέλεσμα της θεραπείας.

Ας ερευνήσουμε τι μας λέει η Αγία Γραφή ότι είναι αμαρτία, και πώς θα καταστρέψουμε το τείχος της αμαρτίας.

1) Πρέπει να μετανοήσετε που δεν πιστεύατε στον Θεό και που δεν είχατε δεχθεί τον Ιησού Χριστό

Η Βίβλος μάς λέει ότι η έλλειψη πίστης προς τον Θεό και η απόρριψη του Ιησού Χριστού ως του Σωτήρα μας, αποτελούν αμαρτία (Κατά Ιωάννη 16:9). Πολλοί άπιστοι ισχυρίζονται ότι ζουν αγαθές ζωές, αλλά αυτοί οι άνθρωποι δεν μπορούν να γνωρίζουν τον εαυτό τους σωστά, διότι δεν γνωρίζουν τον Λόγο της αληθείας – το φως του Θεού – και είναι ανίκανοι να διακρίνουν το δίκαιο από το άδικο.

Ακόμη κι όταν κάποιος έχει την πεποίθηση ότι έχει ζήσει αγαθό βίο, όταν η ζωή του καθρεφτιστεί έναντι της αλήθειας, η οποία είναι ο Λόγος του παντοδύναμου Θεού που εποίησε τα πάντα στην οικουμένη και που διευθύνει την ζωή, τον θάνατο, το ανάθεμα, και την ευλογία, θα βρεθεί πολλή αδικία και αναλήθεια. Αυτή είναι η αιτία που μας λέει η Βίβλος ότι, «*Δεν υπάρχει δίκαιος ούτε ένας*» (Προς Ρωμαίους 3:10), κι ότι «*Επειδή, από έργα του νόμου δεν θα δικαιωθεί μπροστά του καμιά σάρκα· για τον λόγο ότι, διαμέσου του νόμου δίνεται σαφής γνώση της αμαρτίας*» (Προς Ρωμαίους 3:20).

Όταν δεχθείτε τον Ιησού Χριστό και γίνετε τέκνο του Θεού, αφού μετανοήσετε επειδή δεν πιστεύατε στον Θεό και επειδή δεν είχατε δεχθεί τον Ιησού Χριστό, ο παντοδύναμος Θεός θα γίνει ο Πατέρας σας, και έτσι θα λαμβάνετε απαντήσεις για οποιαδήποτε νόσο έχετε.

2) Πρέπει να μετανοήσετε που δεν αγαπούσατε τα αδέλφια σας

Η Βίβλος μάς λέει, «*Αγαπητοί, επειδή με τέτοιον τρόπο μας αγάπησε ο Θεός, οφείλουμε κι εμείς να αγαπάμε ο ένας τον άλλον.*» (Ιωάννου Α' 4:11). Μας θυμίζει επίσης ότι πρέπει να αγαπάμε τους εχθρούς μας (Κατά Ματθαίον 5:44). Αν μισούμε τα αδέλφια μας, παρακούμε τον Λόγο του Θεού, κι επομένως αμαρτάνουμε.

Διότι ο Ιησούς απέδειξε την αγάπη Του για την

ανθρωπότητα, η οποία ζούσε στην αμαρτία και στην κακεντρέχεια, όταν σταυρώθηκε, κι έτσι είναι σωστό να αγαπάμε τους γονείς μας, τα παιδιά μας, τους αδελφούς μας, και τις αδελφές μας. Δεν είναι δίκαιο στα μάτια του Θεού να μισούμε και να μην είμαστε ικανοί να συγχωρούμε για ασήμαντες κακίες και παρεξηγήσεις μεταξύ μας.

Στο Κατά Ματθαίον, εδάφιο 18:23-35, ο Ιησούς μάς δίνει την ακόλουθη παραβολή:

> *Γι' αυτό, η βασιλεία των ουρανών ομοιώθηκε με έναν άνθρωπο βασιλιά, που θέλησε να εξετάσει τους λογαριασμούς του με τους δούλους του. Και όταν άρχισε να εξετάζει, φέρθηκε σ' αυτόν ένας οφειλέτης 10.000 ταλάντων. Και επειδή δεν είχε να τα αποδώσει, ο κύριός του πρόσταξε να πουληθεί αυτός, και η γυναίκα του, και τα παιδιά του, και όλα όσα είχε, και να αποδοθεί αυτό που χρωστούσε. Καθώς, λοιπόν, ο δούλος, έπεσε στα πόδια του, τον προσκυνούσε, λέγοντας: «Κύριε, μακροθύμησε σε μένα, και θα σου τα αποδώσω όλα.» Και επειδή ο κύριος εκείνου του δούλου τον σπλαχνίστηκε, τον άφησε ελεύθερο, του χάρισε μάλιστα και το δάνειο. Όταν, όμως, εκείνος ο δούλος βγήκε έξω, βρήκε έναν από τους συνδούλους του, που του χρωστούσε 100 δηνάρια· και αφού τον έπιασε τον έπνιγε, λέγοντας: «Απόδωσέ μου ό,τι χρωστάς.» Πέφτοντας, λοιπόν, ο σύνδουλός του στα πόδια του, τον παρακαλούσε, λέγοντας: «Μακροθύμησε σε μένα, και*

θα σου τα αποδώσω όλα.» Εκείνος, όμως, δεν ήθελε, αλλά φεύγοντας, τον έβαλε φυλακή, μέχρις ότου αποδώσει εκείνο που χρωστούσε. Βλέποντας, όμως, οι σύνδουλοί του αυτά που έγιναν, λυπήθηκαν υπερβολικά· και καθώς ήρθαν, φανέρωσαν στον κύριό τους όλα όσα έγιναν. Τότε, αφού τον προσκάλεσε ο κύριός του, του λέει: «Δούλε πονηρέ, όλο εκείνο το χρέος σού το χάρισα, επειδή με παρακάλεσες. Δεν έπρεπε κι εσύ να ελεήσεις τον σύνδουλό σου, όπως κι εγώ σε ελέησα;» Και επειδή ο κύριός του οργίστηκε, τον παρέδωσε στους βασανιστές, μέχρις ότου αποδώσει σ' αυτόν ολόκληρο εκείνο που όφειλε. Έτσι και ο ουράνιος Πατέρας μου θα κάνει σε σας, αν δεν συγχωρήσετε από την καρδιά σας κάθε ένας στον αδελφό του τα παραπτώματά τους.

Παρόλο που μας έχουν δοθεί η συγχώρηση και η χάρη του Πατέρα Θεού, είμαστε άραγε ανίκανοι ή δεν έχουμε την θέληση να αποδεχτούμε τα λάθη και τα ελαττώματα των αδελφών μας, κι αντιθέτως, έχουμε την τάση να δημιουργούμε αντιζηλία, εχθρούς, μνησικακία, και να προκαλούμε ο ένας τον άλλον;

Ο Θεός μάς λέει ότι, *«Καθένας που μισεί τον αδελφό του, είναι ανθρωποκτόνος· και ξέρετε ότι κάθε ανθρωποκτόνος δεν έχει αιώνια ζωή, που να μένει μέσα του»* (Ιωάννου Α' 3:15), και, *«Έτσι και ο ουράνιος Πατέρας μου θα κάνει σε σας, αν δεν συγχωρήσετε από την καρδιά σας κάθε ένας στον αδελφό του τα παραπτώματά τους»* (Κατά Ματθαίον 18:35), και μας συμβουλεύει *«Αδελφοί, μη στενάζετε ο ένας ενάντια στον άλλον, για να μη κατακριθείτε· δέστε, ο κριτής στέκεται μπροστά στις θύρες»* (Ιακώβου 5:9).

Πρέπει να συνειδητοποιήσουμε ότι αν δεν αγαπάμε και, αντιθέτως, μισούμε τους αδελφούς μας, τότε κι εμείς έχουμε αμαρτάνει και δεν θα γεμίσουμε με το Άγιο Πνεύμα, αλλά θα αρρωστήσουμε. Επομένως, ακόμη και αν οι αδελφοί μας μας μισούν και μας απογοητεύουν, εμείς δεν πρέπει να τους μισήσουμε και να τους απογοητεύσουμε σε αντάλλαγμα, αλλά αντιθέτως να φρουρούμε τις καρδιές μας με την αλήθεια, να έχουμε κατανόηση και να τους συγχωρούμε. Οι καρδιές μας πρέπει να έχουν την ικανότητα να προσφέρουν προσευχή αγάπης για τέτοιους αδελφούς και αδελφές. Όταν καταλαβαίνουμε, συγχωρούμε κι αγαπάμε ο ένας τον άλλον με την βοήθεια του Αγίου Πνεύματος, κι ο Θεός θα δείξει σε εμάς την ευσπλαχνία Του και το έλεός Του, και θα εκδηλώσει έργα θεραπείας.

3) Πρέπει να μετανοήσετε αν η προσευχή σας ήταν από πλεονεξία

Όταν ο Ιησούς γιάτρεψε ένα αγόρι το οποίο ήταν δαιμονισμένο, οι μαθητές Του Τον ρώτησαν, *«Γιατί εμείς δεν μπορέσαμε να το βγάλουμε;»* (Κατά Μάρκον 9:28). Ο Ιησούς αποκρίθηκε, *«Αυτό το γένος δεν μπορεί να βγει με κανέναν άλλο τρόπο, παρά μονάχα με προσευχή»* (Κατά Μάρκον 9:29).

Για να λάβετε θεραπεία σημαντικού βαθμού, είναι ανάγκη να προσφέρετε προσευχή και ικεσία. Κι όμως, οι προσευχές προσωπικού συμφέροντος δεν θα λάβουν απάντηση διότι ο Θεός δεν ευχαριστιέται μ' αυτές. Ο Θεός μάς έχει διατάξει, *«Είτε, λοιπόν, τρώτε είτε πίνετε είτε κάνετε κάτι, τα πάντα να τα κάνετε προς δόξαν του Θεού»* (Προς Κορινθίους Α' 10:31). Επομένως, ο σκοπός των σπουδών μας και τα κατορθώματά μας για φήμη και δύναμη πρέπει να γίνονται όλα για την δόξα του Θεού. Στην Επιστολή Ιακώβου, εδάφιο 4:2-3, αναφέρεται, *«Επιθυμείτε, και δεν έχετε· φονεύετε και φθονείτε, και δεν μπορείτε να επιτύχετε· μάχεστε και πολεμάτε, αλλά δεν έχετε, επειδή δεν ζητάτε. Ζητάτε, και δεν παίρνετε, επειδή ζητάτε με κακή πρόθεση, για να δαπανήσετε στις ηδονές σας.»*

Αν ζητάτε θεραπεία για να διατηρήσετε υγιή βίο, για να δοξάζετε τον Θεό, θα λάβετε απάντηση όταν την ζητήσετε. Όμως, αν ζητήσετε θεραπεία και δεν την λάβετε, οφείλεται στο ότι ίσως ψάχνετε κάτι το οποίο δεν είναι ορθό ως προς την αλήθεια, αν και ο Θεός, τις περισσότερες φορές, επιθυμεί να σας χαρίσει πιο σπουδαία πράγματα.

Με τι είδους προσευχή θα ευχαριστηθεί ο Θεός; Όπως μας λέει ο Ιησούς στο Κατά Ματθαίον 6:33, *«Αλλά, ζητάτε πρώτα τη βασιλεία του Θεού, και τη δικαιοσύνη του· και όλα αυτά θα σας προστεθούν.»* Αντί να ανησυχούμε για φαγητό, ρουχισμό και παρόμοια, πρέπει πρώτα να ευχαριστούμε τον Θεό προσφέροντας προσευχές για το βασιλείο Του και για την δικαιοσύνη Του, για την διάδοση του Ευαγγελίου και για τον καθαγιασμό. Μόνο τότε θ' απαντήσει ο Θεός στις επιθυμίες της καρδιάς σας και θα γιατρέψει την νόσο σας πλήρως.

4) Πρέπει να μετανοήσετε αν προσευχόσασταν με αμφιβολία

Ο Θεός μένει ευχαριστημένος όταν η προσευχή σας δείχνει την πίστη σας. Περί αυτού αναφέρεται στην Προς Εβραίους Επιστολή 11:6, *«Χωρίς, μάλιστα, πίστη είναι αδύνατον κάποιος να τον ευαρεστήσει· επειδή, αυτός που προσέρχεται στον Θεό, πρέπει να πιστέψει, ότι είναι, και γίνεται μισθαποδότης σ' αυτούς που τον εκζητούν.»* Παρομοίως, η Επιστολή Ιακώβου 1:6-7 μας θυμίζει, *«Ας ζητάει, όμως, με πίστη, χωρίς να διστάζει καθόλου· επειδή, αυτός που διστάζει μοιάζει με κύμα της θάλασσας, που κινείται από τους ανέμους και συνταράζεται. Επειδή, ας μη νομίζει ο άνθρωπος εκείνος ότι θα πάρει κάτι από τον Κύριο.»*

Οι προσευχές που αφιερώνονται με δισταγμό δείχνουν την έλλειψη πίστης αυτού του ανθρώπου προς τον παντοδύναμο Θεό, ντροπιάζουν την δύναμή Του, και Τον μετατρέπουν σε ανίκανο Θεό. Πρέπει να μετανοήσετε αμέσως, να μοιάσετε στους πατέρες της πίστης, και να προσεύχεστε επιμελώς και θερμά, για να κατέχετε πίστη που να σας επιτρέπει να πιστεύετε μέσα στην καρδιά σας.

Στην Βίβλο, πολλές φορές βρίσκουμε ότι ο Ιησούς αγαπούσε τους κατέχοντες τρανή πίστη, ότι τέτοιους διάλεγε ως εργάτες Του, και δια μέσου αυτών και μαζί τους επιτελούσε την διακονία Του. Όταν ο κόσμος ήταν ανίκανος να δείξει την πίστη του, ο Ιησούς μάλωνε ακόμη και τους μαθητές Του για την ελάχιστη πίστη τους (Κατά Ματθαίον 8:23-27), αλλά αγαπούσε και θαύμαζε τους έχοντες μεγάλη πίστη, ακόμη και αν ήταν Εθνικοί (Κατά Ματθαίον 8:10).

Εσείς πως προσεύχεστε και τι είδους πίστη κατέχετε;

Στο Κατά Ματθαίον 8:5-13, ένας εκατόνταρχος πλησίασε τον Ιησού και τον παρακάλεσε να γιατρέψει έναν δούλο του, ο οποίος ήταν κατάκοιτος στο σπίτι, παράλυτος, και υπέφερε τρομερά. Και όταν ο Ιησούς είπε στον εκατόνταρχο, *«Εγώ, αφού έρθω, θα τον θεραπεύσω»* (στ. 7), κι ο εκατόνταρχος ανταποκρίθηκε, *«Κύριε, δεν είμαι άξιος να μπεις κάτω από τη στέγη μου· αλλά, μονάχα πες έναν λόγο, και ο δούλος μου θα γιατρευτεί»* (στ. 8), κι εκδήλωσε στον Ιησού την μεγάλη του πίστη. Ο Ιησούς, ακούγοντας τα λόγια του εκατόνταρχου, τον θαύμασε και με χαρά είπε, *«Σας διαβεβαιώνω, ούτε στο Ισραήλ δεν βρήκα τόσο μεγάλη πίστη»* (στ. 10). Ο δούλος γιατρεύτηκε εκείνη την στιγμή.

Στο Κατά Μάρκον 5:21-43 υπάρχει μια καταγεγραμμένη περίπτωση ενός εκπληκτικού έργου θεραπείας. Όταν ο Ιησούς βρισκόταν κοντά στην θάλασσα, Τον πλησίασε ένας αρχισυνάγωγος επονομαζόμενος Ιάειρος, και έπεσε στα πόδια Του λέγοντας, *«Το κοριτσάκι μου πνέει τα λοίσθια· νάρθεις και να βάλεις τα χέρια σου επάνω της, για να σωθεί· και θα ζήσει»* (στ. 23).

Καθώς ο Ιησούς πήγαινε με τον Ιάειρο, Τον πλησίασε

μια γυναίκα η οποία υπέφερε από αιμορραγία για δώδεκα έτη. Υπέφερε βαριά υπό την φροντίδα πολλών γιατρών, κι είχε ξοδέψει ό,τι είχε και δεν είχε, κι όμως, αντί να καλυτερεύει χειροτέρευε.

Η γυναίκα είχε ακούσει ότι ο Ιησούς ήταν κοντά, κι ανάμεσα στο πλήθος που Τον ακολουθούσε, ήρθε πίσω Του κι άγγιξε τον μανδύα Του. Διότι η γυναίκα αυτή πίστευε, *«Μονάχα αν αγγίξω τα ρούχα Του, θα γιατρευτώ»* (στ. 28). Όταν η γυναίκα αυτή τοποθέτησε το χέρι της επάνω στον μανδύα του Ιησού, η αιμορραγία της έπαυσε αμέσως κι ένιωσε το σώμα της να απαλλάσσεται από την πάθησή της. Μόλις ο Ιησούς αντιλήφθηκε την δύναμή Του να εξωτερικεύεται, γύρισε προς το πλήθος και ρώτησε, *«Ποιος άγγιξε τα ενδύματά μου;»* (στ. 30). Όταν η γυναίκα ομολόγησε την αλήθεια, ο Ιησούς τής είπε *«Κόρη μου, η πίστη σου σε έσωσε· πήγαινε εν ειρήνη, και να είσαι υγιής από τη μάστιγά σου»* (στ. 34). Της έδωσε σωτηρία καθώς και την ευλογία της υγείας.

Εκείνη την ώρα, κάποιοι άνθρωποι από τον οίκο του Ιάειρου ήρθαν να του αναφέρουν, *«Η κόρη σου είναι νεκρή»* (στ. 35). Ο Ιησούς βεβαίωσε τον Ιάειρο λέγοντάς του, *«Μην φοβάσαι, μόνο πίστευε»* (στ. 36), και συνέχισε την πορεία Του προς τον οίκο του Ιάειρου. Εκεί ο Ιησούς είπε στον κόσμο, *«Το παιδί δεν είναι πεθαμένο, μόνο κοιμάται»* (στ. 39) και είπε στο κορίτσι *«Ταλιθά κούμι!»* *(το οποίο σημαίνει «μικρό κορίτσι, σου λέω, σήκω!»)* (στ. 41). Το κορίτσι σηκώθηκε αμέσως κι άρχισε να περπατάει.

Πιστέψτε ότι όταν ζητήσετε με πίστη, ακόμα και μια σοβαρή νόσος μπορεί να γιατρευτεί, και οι νεκροί να αναστηθούν. Αν μέχρι τώρα προσευχόσασταν με αμφιβολία, μετανοήστε γι' αυτήν την αμαρτία για να γιατρευτείτε και ν' αποκτήσετε δύναμη.

5) Πρέπει να μετανοήσετε επειδή παρακούσατε τις εντολές του Θεού

Στο Κατά Ιωάννη εδάφιο 14:21 μας λέει ο Ιησούς, *«Εκείνος που έχει τις εντολές Μου και τις τηρεί, εκείνος είναι που Με αγαπάει· και εκείνος που Με αγαπάει, θα αγαπηθεί από τον Πατέρα Μου· και Εγώ θα τον αγαπήσω, και σ' αυτόν θα φανερώσω τον εαυτό Μου.»* Η Ιωάννου Α' Επιστολή, στο χωρίο 3:21-22 πάλι μας θυμίζει, *«Αγαπητοί, αν η καρδιά μας δεν μας κατακρίνει, έχουμε παρρησία προς τον Θεό·και ό,τι αν ζητάμε το παίρνουμε απ' Αυτόν, επειδή τηρούμε τις εντολές Του και πράττουμε τα αρεστά μπροστά Του.»* Ο αμαρτωλός δεν μπορεί να έχει παρρησία ενώπιον του Θεού. Κι όμως, αν οι καρδιές μας είναι τίμιες και άψογες όταν θα μετρηθούν με τον Λόγο της αλήθειας, τότε έχουμε δικαίωμα να ζητήσουμε τολμηρά ό,τι θέλουμε από τον Θεό.

Επομένως, ως πιστοί στον Θεό πρέπει να μάθετε και να καταλάβετε τις Δέκα Εντολές, οι οποίες αποτελούν περίληψη των 66 βιβλίων της Βίβλου, και να ανακαλύψετε πόση από την ζωή σας ζήσατε παρακούοντας τις εντολές αυτές.

Ι. Είχα στην καρδιά μου ποτέ θεούς άλλους εκτός από τον Θεό;

ΙΙ. Χρησιμοποίησα και λάτρευσα ποτέ σαν είδωλα τα αποκτήματά μου, τα παιδιά μου, την υγεία μου, τις επιχειρήσεις μου, και τα παρόμοια;

ΙΙΙ. Έχω ποτέ χρησιμοποιήσει το όνομα του Θεού επί ματαίω;

IV. Έχω διατηρήσει πάντοτε την μέρα αργίας άγια;

V. Τιμούσα πάντοτε τους γονείς μου;

VI. Έχω διαπράξει ποτέ σωματικό ή πνευματικό φόνο από μίσος για τους αδελφούς μου και τις αδελφές μου, ή μήπως τους προκάλεσα εγώ να διαπράξουν αμαρτία;

VII. Έχω ποτέ πράξει μοιχεία, έστω και στο μυαλό μου;

VIII. Έχω ποτέ κλέψει;

IX. Έχω ποτέ ψευδομαρτυρήσει εναντίον των γειτόνων μου;

X. Έχω ποτέ ζηλέψει τα αποκτήματα του γείτονά μου;

Επιπλέον, πρέπει να κοιτάξετε στο παρελθόν για να δείτε αν έχετε τηρήσει την εντολή του Θεού να αγαπάτε τους γείτονές σας όπως αγαπάτε τον εαυτό σας. Όταν σέβεστε τις εντολές του Θεού και Του το ζητήσετε, ο Θεός της δύναμης θα γιατρέψει όλες τις ασθένειες.

6) Πρέπει να μετανοήσετε διότι δεν έχετε σπείρει εν Θεώ

Καθώς ο Θεός διευθύνει τα πάντα στο σύμπαν, έχει εγκαταστήσει μια σειρά νομών για το πνευματικό βασίλειο και ως δίκαιος δικαστής καθοδηγεί και διαχειρίζεται τα πάντα αναλόγως.

Στο βιβλίο του Δανιήλ, κεφάλαιο 6, ο Βασιλιάς Δαρείος βρέθηκε σε δύσκολη θέση και δεν μπορούσε να σώσει τον αγαπημένο του δούλο, τον Δανιήλ, από την φωλιά των λιονταριών, παρόλο που ήταν βασιλιάς. Εφόσον ο ίδιος είχε γράψει το ένταλμα, ο Δαρείος δεν μπορούσε να παραβιάσει τον νόμο τον οποίο ο ίδιος είχε θεσπίσει. Αν ο βασιλιάς γινόταν ο πρώτος που θα παράβαινε τους κανόνες και θα περιφρονούσε τους νόμους, ποιος τότε θα τον λάμβανε υπόψη και ποιος θα τον υπηρετούσε; Κι έτσι, ενώ ήταν έτοιμοι να πετάξουν τον αγαπημένο του δούλο, τον Δανιήλ, μες' την φωλιά των λιονταριών, εξαιτίας μιας μηχανορραφίας ορισμένων πονηρών ανδρών, δεν υπήρχε τίποτε που να μπορούσε να κάνει ο Δαρείος.

Παρομοίως, ο Θεός δεν παραβαίνει τους κανόνες και δεν παραβιάζει τους νόμους τους οποίους ο ίδιος έχει θεσπίσει· όλα στην οικουμένη λειτουργούν με τέλεια τάξη υπό την κυριαρχία Του. Γι' αυτό, *«Μη πλανιέστε· ο Θεός δεν εμπαίζεται· επειδή, ό,τι αν σπείρει ο άνθρωπος, αυτό και θα θερίσει»* (Προς Γαλάτας 6:7).

Όσο σπέρνετε με προσευχή, θα λάβετε απαντήσεις και θα αναπτυχθείτε πνευματικά, θα δυναμώσετε εσωτερικά, και θα ανανεωθεί το πνεύμα σας. Αν είχατε αρρωστήσει ή αν είχατε αναπηρίες αλλά τώρα τον χρόνο σας τον σπέρνετε με την αγάπη σας για τον Θεό, συμμετέχοντας επιμελώς σ' όλες τις εκκλησιαστικές λειτουργίες, θα λάβετε την ευλογία της υγείας και αναμφίβολα θα νοιώσετε το σώμα σας να αλλάζει. Αν σπέρνετε πλούτη εν Θεώ, θα σας προστατεύει και θα σας προφυλάσσει από βάσανα και θα σας χαρίσει την ευλογία μεγαλύτερου πλούτου.

Όταν καταλάβετε πόσο σημαντικό είναι να σπέρνετε εν Θεώ, όταν αποβάλετε τις ελπίδες για τούτον τον κόσμο που προορίζεται να παρακμάσει και να χαθεί, και αρχίσετε να συσσωρεύετε τα βραβεία σας στον ουρανό με αληθινή πίστη, ο παντοδύναμος Θεός θα σας καθοδηγεί σε υγιή ζωή πάντοτε.

Με τον Λόγο του Θεού, μελετήσαμε έως τώρα αυτό που έχει γίνει τείχος μεταξύ Θεού και ανθρώπου, και τον λόγο που ζούμε με την αγωνία της νόσου. Αν είχατε έλλειψη πίστης προς τον Θεό και έχετε υποφέρει από αρρώστια, δεχθείτε τον Ιησού ως Σωτήρα σας και ξεκινήστε να ζείτε εν Χριστώ. Μην φοβάστε αυτούς που μπορούν να σκοτώσουν την σάρκα. Αντιθέτως, να φοβάσθε Εκείνον που μπορεί να καταδικάσει την σάρκα και το πνεύμα στην κόλαση, να φρουρείτε την πίστη σας προς τον Θεό της σωτηρίας από τις διώξεις των γονέων σας, των αδελφών σας, του/της συζύγου, των πεθερικών σας, και των υπολοίπων. Όταν ο Θεός αναγνωρίσει την πίστη σας, θα κάνει τα έργα Του και τότε θα μπορέσετε να λάβετε την χάρη της γιατρειάς.

Αν είστε πιστός αλλά υποφέρετε από ασθένειες, κοιτάξτε στο παρελθόν σας για να δείτε αν υπάρχουν υπολείμματα κακοήθειας, όπως το μίσος, η ζήλια, ο φθόνος, η αδικία, η ακαθαρσία, η πλεονεξία, σκοτεινό κίνητρο, ο φόνος, η διαφωνία, το κουτσομπολιό, η συκοφαντία, η περηφάνια, και άλλα παρόμοια. Όταν προσεύχεστε στον Θεό, λαμβάνετε την συγχώρεση Του με την ευσπλαχνία και το έλεος Του, και θα λάβετε και απάντηση στο πρόβλημα της νόσου σας.

Πολλοί άνθρωποι προσπαθούν να παζαρέψουν με τον Θεό. Λένε ότι αν ο Θεός πρώτα τους γιατρέψει από τις νόσους και από τις αρρώστιες τους, τότε θα πιστέψουν στον Ιησού και θα Τον ακολουθούν πρόθυμα. Ωστόσο, επειδή ο Θεός γνωρίζει το κέντρο της καρδιάς του καθενός, μόνο αφού εξαγνιστούν οι άνθρωποι πνευματικά, τότε θα τους γιατρέψει και από τις σωματικές τους ασθένειες.

Συνειδητοποιώντας ότι οι σκέψεις του Θεού και οι σκέψεις των ανθρώπων διαφέρουν, μακάρι να υπακούτε πρώτα το θέλημα του Θεού, ώστε να τα πηγαίνει καλά το πνεύμα σας ενώ θα λαμβάνετε τις ευλογίες της θεραπείας της νόσου σας. Προσεύχομαι για εσάς στο όνομα του Κυρίου!

Κεφάλαιο 3

Ο Θεραπευτής Θεός

Αν ακούσεις επιμελώς
τη φωνή του Κυρίου του Θεού σου,
και πράττεις το αρεστό στα μάτια Του,
και δώσεις ακρόαση στις εντολές Του,
και φυλάξεις όλα τα προστάγματά Του,
δεν θα φέρω επάνω σου καμιά από τις αρρώστιες,
που έφερα ενάντια στους Αιγυπτίους· επειδή, εγώ είμαι
ο Κύριος, που σε θεραπεύω.

―――― ※ ――――

Έξοδος 15:26

1. Γιατί Αρρωσταίνει ο Άνθρωπος;

Παρόλο που ο Θεραπευτής Θεός επιθυμεί να ζουν με υγεία όλα τα τέκνα Του, πολλοί υποφέρουν την οδύνη της νόσου, κι είναι ανίκανοι να λύσουν το πρόβλημά της. Όπως υπάρχει αίτιο για κάθε αποτέλεσμα, έτσι υπάρχει και αιτία για κάθε ασθένεια. Διότι η κάθε ασθένεια γιατρεύεται γρήγορα μόλις εξακριβωθεί η αιτία της, κι έτσι, όλοι όσοι επιθυμούν να γιατρευτούν πρέπει πρώτα να εξακριβώσουν την αιτία της νόσου τους. Με τον Λόγο του Θεού σύμφωνα με την Έξοδο, εδάφιο 15:26, θα εμβαθύνουμε εντός της αιτίας της νόσου, και στους τρόπους με τους οποίους μπορούμε ν' απαλλαχθούμε από τις αρρώστιες και να ζούμε με υγεία.

«Ο ΚΥΡΙΟΣ» είναι όνομα που χαρακτηρίζει τον Θεό, και αντιπροσωπεύει το «ΕΓΩ ΕΙΜΑΙ Ο ΩΝ» (Έξοδος 3:14). Το όνομα αυτό δείχνει επίσης ότι όλα τ' άλλα όντα υποβάλλονται στην εξουσία του Σεβασμιότατου Θεού. Από τον τρόπο που ο Θεός αναφέρθηκε στον εαυτό Του ως «Ο ΚΥΡΙΟΣ που σε θεραπεύω» (Έξοδος 15:26), μαθαίνουμε για την αγάπη του Θεού, η οποία μας απελευθερώνει από την αγωνία της νόσου, και για την δύναμη του Θεού που θεραπεύει την νόσο.

Στην Έξοδο, στο εδάφιο 15:26, ο Θεός μάς υπόσχεται, *«Αν ακούσεις επιμελώς τη φωνή τού Κυρίου του Θεού σου, και πράττεις το αρεστό στα μάτια του, και δώσεις ακρόαση στις εντολές του, και φυλάξεις όλα τα προστάγματά του, δεν θα φέρω επάνω σου καμιά από τις αρρώστιες, που έφερα ενάντια στους Αιγυπτίους· επειδή, εγώ είμαι ο Κύριος, που σε θεραπεύω.»* Άρα, αν έχετε αρρωστήσει, αυτό αποδεικνύει ότι δεν έχετε ακούσει την φωνή Του προσεχτικά, ότι δεν πράξατε το σωστό ενώπιόν Του, και ότι δεν έχετε δώσει προσοχή στις εντολές Του.

Διότι τα τέκνα του Θεού είναι υπήκοοι του ουρανού, και πρέπει να τηρούν τον ουράνιο νόμο. Όμως, αν οι υπήκοοι του ουρανού δεν υπακούν στους νόμους του, ο Θεός δεν μπορεί να τους προστατεύσει διότι η αμαρτία είναι η ανομία (Ιωάννου Α' 3:4). Τότε, οι δυνάμεις της νόσου θα διεισδύουν, αφήνοντας τα ανυπάκουα τέκνα του Θεού υπό την αγωνία της νόσου.

Ας εξετάσουμε λεπτομερώς τους τρόπους δια των οποίων μπορούμε να αρρωστήσουμε, την αιτία της νόσου, και πώς η δύναμη του Θεραπευτή Θεού μπορεί να γιατρέψει εκείνους που υποφέρουν από νόσους.

2. Μια Περίπτωση Κατά την Οποία Κάποιος Αρρωσταίνει ως Αποτέλεσμα της Αμαρτίας Του

Σε όλη την Βίβλο, ο Θεός μάς λέει επανειλημμένως ότι η αιτία της νόσου είναι η αμαρτία. Στο Κατά Ιωάννη 5:14 διαβάζουμε, *«Ύστερα απ' αυτά, ο Ιησούς τον βρίσκει [τον άνθρωπο που είχε γιατρέψει νωρίτερα] στο ιερό, και του είπε: Δες, έγινες υγιής, στο εξής μη αμάρτανε για να μη σου γίνει κάτι χειρότερο.»* Αυτός ο στίχος μάς θυμίζει ότι αν αμαρτάνει ο άνθρωπος, μπορεί να αρρωστήσει πιο βαριά από την προηγούμενη φορά, κι ότι οι άνθρωποι αρρωσταίνουν εξαιτίας της αμαρτίας.

Στο Δευτερονόμιον 7:12-15, Ο Θεός μάς υπόσχεται ότι *«Και αν ακούτε τις κρίσεις αυτές, και τις τηρείτε και τις εκτελείτε, ο Κύριος ο Θεός σου θα φυλάξει σε σένα τη διαθήκη και το έλεος, που ορκίστηκε στους πατέρες σου·και θα σε αγαπήσει, και θα σε ευλογήσει, και θα σε πληθύνει και θα ευλογήσει τον καρπό της κοιλιάς σου, και τον καρπό της γης σου, το σιτάρι σου, και το κρασί σου, και το λάδι σου, τις αγέλες των βοδιών σου, και τα κοπάδια των προβάτων σου, στη γη που ορκίστηκε στους πατέρες σου να δώσει σε σένα. Θα είσαι ευλογημένος περισσότερο από όλα τα έθνη· άγονη ή στείρα δεν θα υπάρχει σε σένα ή στα κτήνη σου. Και ο Κύριος θα αφαιρέσει από σένα κάθε ασθένεια, και δεν θα βάλει επάνω σου καμιά από τις κακές νόσους της Αιγύπτου, που γνωρίζεις· αλλά, θα τις βάλει επάνω σε όλους εκείνους που σε μισούν.»* Εκείνοι που μισούν έχουν πονηράδα μέσα τους και αμαρτάνουν, και οι ασθένειες θα έρθουν σε τέτοια άτομα.

Στο Δευτερονόμιον, κεφάλαιο 28, το οποίο είναι κοινώς γνωστό ως «Το Κεφάλαιο της Ευλογίας», ο Θεός μάς εξηγεί για τις ευλογίες που θα λάβουμε όταν υπακούμε πλήρως τον Θεό μας, κι όταν ακολουθούμε προσεχτικά όλες τις εντολές Του. Μας λέει και για τα είδη του αναθέματος που θα πέσει επάνω μας και θα μας πλήξει αν δεν ακολουθούμε προσεχτικά όλες του τις εντολές και τα εντάλματα.

Ειδικά, αναφέρονται λεπτομερώς τα είδη των νόσων στις οποίες θα εκτεθούμε αν παρακούμε τον Θεό. Πρόκειται για πανούκλα, φθίση, πυρετό, φλεγμονή, φλόγωση και ξηρασία, ερυσίβη και μούχλα, «εξανθήματα της Αιγύπτου... όγκοι, μολυσμένες πληγές, και κνησμός από τα οποία δεν μπορείτε να γιατρευθείτε», παραφροσύνη, τύφλωση, και σύγχυση του νου δίχως κανέναν να σας σώσει, και πληγές στα γόνατα και στα πόδια, επίπονα εξανθήματα που δεν γιατρεύονται, και που εξαπλώνονται από τα πέλματα των ποδιών μέχρι την κορυφή της κεφαλής (Δευτερονόμιον 28:21-35).

Καταλαβαίνοντας ορθώς ότι η αιτία της νόσου είναι η αμαρτία, αν έχετε αρρωστήσει πρέπει πρώτα να μετανοήσετε που δεν ζούσατε σύμφωνα με τον Λόγο του Θεού και να λάβετε συγχώρηση. Όταν θεραπευθείτε ζώντας σύμφωνα με τον Λόγο του Θεού, δεν πρέπει να ξαναμαρτήσετε ποτέ.

3. Μια περίπτωση Κατά την Οποία Κάποιος Αρρωσταίνει Παρόλο Που Νομίζει Ότι Δεν έχει Αμαρτάνει

Ορισμένοι άνθρωποι, ισχυρίζονται ότι αν και δεν είχαν αμαρτάνει, αρρώστησαν. Εντούτοις, ο Λόγος του Θεού μάς λέει ότι αν πράττουμε το σωστό ενώπιον του Θεού, αν δίνουμε προσοχή στις εντολές Του και φυλάμε όλα τα εντάλματα Του, τότε ο Θεός δεν πρόκειται να μας προσβάλει με νόσους. Αν όντως έχουμε αρρωστήσει, πρέπει να αναγνωρίσουμε ότι κάποτε στην ζωή μας δεν πράξαμε το σωστό ενώπιόν Του και δεν φυλάξαμε τα εντάλματά Του.

Τι είναι, τότε, η αμαρτία η οποία προκαλεί νόσους;

Αν κάποιος χρησιμοποίησε το υγιές σώμα που του χάρισε ο Θεός χωρίς αυτοκυριαρχία, ή ανήθικα, δεν σεβάσθηκε τις εντολές Του, έπραξε λάθη κι έζησε άστατη ζωή, έβαλε τον εαυτό του σε χειρότερο κίνδυνο να αρρωστήσει. Σ' αυτή την κατηγορία νόσου ανήκουν και οι γαστρεντερικές διαταραχές από υπερβολικό ή άστατο φαγητό, η νόσος του ήπατος από συνεχές κάπνισμα και ποτό, και πολλές άλλες νόσοι λόγω κατάχρησης του σώματος.

Ίσως, από την ανθρώπινη πλευρά να μην θεωρούνται αυτά αμαρτία, αλλά στα μάτια του Θεού είναι. Το υπερβολικό φαγητό είναι αμαρτία, διότι εκδηλώνει την πλεονεξία και την ανικανότητα του ατόμου να ασκήσει αυτοκυριαρχία. Όταν αρρωστήσει κάποιος από άστατο φαγητό, η αμαρτία του δεν είναι ότι λείπει η ρουτίνα από την ζωή του ή από το πρόγραμμα του φαγητού του, αλλά ότι έχει ασκήσει κατάχρηση στο σώμα του δίχως αυτοκυριαρχία. Αν κάποιος αρρωστήσει επειδή έφαγε τροφή που δεν ήταν ακόμη εντελώς έτοιμη, η αμαρτία του είναι η ανυπομονησία – έχει πράξει ενάντια στην αλήθεια.

Αν κάποιος χρησιμοποιήσει ένα μαχαίρι απρόσεκτα και κοπεί, και η πληγή του μολυνθεί, κι αυτό θα ήταν αποτέλεσμα της αμαρτίας του. Αν πράγματι αγαπούσε τον Θεό, θα προστάτευε το άτομό του από ατυχήματα κάθε στιγμή. Έστω κι αν έκανε λάθος, ο Θεός θα του έδινε διέξοδο, κι επειδή Αυτός εργάζεται για το καλό των ανθρώπων που Τον αγαπούν, το σώμα δεν θα σημαδευόταν από ουλή. Οι πληγές και τα τραύματα προέρχονται από το βιαστικό και ανήθικο φέρσιμο του ανθρώπου, το οποίο είναι ανήθικο ενώπιον του Θεού, κάνοντας έτσι την πράξη του αμαρτωλή.

Ο ίδιος κανόνας ισχύει για το κάπνισμα και το ποτό. Αν ένα άτομο συνειδητοποιήσει ότι το κάπνισμα θαμπώνει το μυαλό του, καταστρέφει τους βρόγχους του και προκαλεί καρκίνο, αλλά δεν έχει την ικανότητα να το κόψει, κι αν κάποιος συνειδητοποιεί ότι η τοξικότητα στο αλκοόλ καταστρέφει τα έντερά του και αλλοιώνει τα όργανα του σώματός του, αλλά και πάλι δεν έχει την ικανότητα να το σταματήσει, αυτές οι πράξεις είναι αμαρτωλές. Εκδηλώνουν την ανικανότητα του ανθρώπου να ελέγχει τον εαυτό του, την πλεονεξία του, την έλλειψη αγάπης για το σώμα του, κι ότι δεν έχει ακολουθήσει το θέλημα του Θεού. Πως είναι δυνατόν να μην είναι αυτές αμαρτίες;

Κι αν δεν ήμασταν πριν βέβαιοι αν όλα τα νοσήματα ήταν αποτέλεσμα αμαρτίας, τώρα είμαστε σίγουροι, αφού εξετάσαμε πολλές διαφορετικές υποθέσεις και τις μετρήσαμε έναντι του Λόγου του Θεού. Πρέπει πάντοτε να υπακούμε και να ζούμε σύμφωνα με τον Λόγο του Θεού για να απαλλαγούμε από τα νοσήματα. Μ' άλλα λόγια, όταν πράττουμε το σωστό στα μάτια Του, όταν δίνουμε σημασία στις εντολές Του, και διατηρούμε όλα Του τα εντάλματα, θα μας προστατεύει και θα μας προφυλάσσει όλη την ώρα από τις αρρώστιες.

4. Νοσήματα Που Προκαλούνται από Νευρώσεις και Άλλες Διανοητικές Παθήσεις

Η στατιστική μάς λέει ότι ο αριθμός των ανθρώπων που υποφέρουν από κάποια νεύρωση και από άλλες διανοητικές παθήσεις αυξάνεται. Αν οι άνθρωποι είναι υπομονετικοί, όπως μας συμβουλεύει ο Λόγος του Θεού, και αν αγαπούν, συγχωρούν και καταλαβαίνουν σύμφωνα με την αλήθεια, μπορούν να απαλλαχθούν από τέτοιες νόσους πολύ εύκολα. Κι όμως, συνεχίζει να υπάρχει η κακία στην καρδιά τους, και η κακία τούς απαγορεύει να ζήσουν σύμφωνα με τον Λόγο. Η ψυχολογική αγωνία αλλοιώνει άλλα όργανα του σώματος, καθώς και το ανοσοποιητικό σύστημα, και είναι ενδεχόμενο να καταλήξει σε νόσο. Όταν ζούμε σύμφωνα με τον Λόγο, τα αισθήματά μας δεν θα ταραχθούν, δεν θα γίνουμε δύστροποι, και τα μυαλά μας δεν πρόκειται να ξεσηκωθούν.

Υπάρχουν ορισμένοι γύρω μας οι οποίοι δεν δίνουν την εντύπωση ότι είναι κακοήθεις αλλά ότι είναι καλοί, κι όμως υποφέρουν από τέτοια νόσο. Διότι, συγκρατούν τον εαυτό τους από κανονική έκφραση αισθημάτων, κι η νόσος από την οποία υποφέρουν είναι πιο σοβαρή από την νόσο αυτών που ξεσπάνε τον θυμό και την οργή τους. Η καλοσύνη της αλήθειας δεν είναι η αγωνία από την σύγκρουση μεταξύ αντίθετων αισθημάτων. Αντιθέτως, είναι η κατανόηση του ενός για τον άλλον με συγχώρηση και με αγάπη, και είναι η παρηγοριά που νιώθουμε επειδή έχουμε αυτοκυριαρχία και αντοχή.

Επιπλέον, όταν οι άνθρωποι διαπράττουν αμαρτίες εκ προμελέτης, θα φθάσουν στο σημείο να υποφέρουν από διανοητικές παθήσεις, από ψυχολογική αγωνία και καταστροφή. Διότι δεν φέρονται με καλοσύνη, αλλά πέφτουν όλο και πιο βαθιά μέσα στην πονηριά, κι η ψυχολογική τους οδύνη γίνεται νόσος. Πρέπει να γνωρίζουμε ότι η νεύρωση και άλλες διανοητικές παθήσεις είναι αυτοπροσκαλούμενες, έχοντας δημιουργηθεί από τους δικούς μας ανόητους και κακόβουλους τρόπους. Ακόμη και σε τέτοια περίπτωση, ο Θεός της αγάπης θα θεραπεύσει όλους όσους Τον αναζητούν και όλους όσους επιθυμούν να λάβουν την γιατρειά του. Περαιτέρω, θα τους δώσει ελπίδα για τον ουρανό και θα τους επιτρέψει να ζουν με αληθινή ευτυχία και άνεση.

5. Τα Νοσήματα από τον Εχθρό Διάβολο Είναι και Αυτά Εξαιτίας της Αμαρτίας

Μερικοί άνθρωποι είναι δαιμονισμένοι εξαιτίας του

Σατανά, και υποφέρουν απ' όλες τις αρρώστιες που τους δίνει ο εχθρός διάβολος. Ο λόγος είναι ότι έχουν εγκαταλείψει το θέλημα του Θεού κι έχουν απομακρυνθεί από την αλήθεια. Ο λόγος που μεγάλος αριθμός ανθρώπων είναι άρρωστοι, σωματικά ανάπηροι, και δαιμονισμένοι σε οικογένειες που λάτρευαν τα είδωλα υπερβολικά, είναι επειδή ο Θεός σιχαίνεται την ειδωλολατρία.

Στην Έξοδο, εδάφιο 20:5-6, αναφέρεται, *«Μη τα προσκυνήσεις μήτε να τα λατρεύσεις· επειδή, ο Κύριος ο Θεός σου είμαι Θεός ζηλότυπος, που ανταποδίδω τις αμαρτίες των πατέρων επάνω στα παιδιά, μέχρι τρίτης και τετάρτης γενεάς εκείνων που με μισούν, και κάνω έλεος σε χιλιάδες γενεές εκείνων που με αγαπούν, και τηρούν τα προστάγματά μου.»* Μας έδωσε ειδικό πρόσταγμα, απαγορεύοντάς μας την ειδωλολατρία. Από τις Δέκα Εντολές που μας έχει δώσει, στις πρώτες δυο Εντολές – *«ΜΗ έχεις άλλους θεούς εκτός από μένα»* (στ. 3) και *«ΜΗ κάνεις για τον εαυτό σου είδωλο μήτε ομοίωμα κάποιου, από όσα είναι στον ουρανό επάνω ή όσα είναι στη γη κάτω ή όσα είναι στα νερά κάτω από τη γη»* (στ. 4) – μπορούμε εύκολα να διακρίνουμε πόσο απεχθάνεται την ειδωλολατρία ο Θεός.

Αν οι γονείς παρακούν το θέλημα του Θεού και λατρεύουν τα είδωλα, τα παιδιά τους φυσικά θ' ακολουθήσουν το παράδειγμά τους. Αν οι γονείς δεν σέβονται τον Λόγο του Θεού και πράττουν κακοήθειες, τα παιδιά τους φυσικά θα ακολουθήσουν το παράδειγμά τους και θα πράττουν κι αυτά κακοήθειες. Όταν η αμαρτία της ανυπακοής φθάσει μέχρι την τρίτη και την τέταρτη γενεά, ως μισθό της αμαρτίας, οι απόγονοί τους θα υποφέρουν από νοσήματα τα οποία τους προκαλεί ο εχθρός διάβολος.

Αν οι γονείς λάτρευαν είδωλα, αλλά τα παιδιά τους, από την αγαθοσύνη της καρδιάς τους, λατρεύουν τον Θεό, Αυτός θα τους εκδηλώσει την αγάπη και το έλεός Του, και θα τα ευλογήσει. Ακόμη κι αν οι άνθρωποι τώρα υποφέρουν από τις νόσους που τους έχει επιβάλει ο εχθρός διάβολος, επειδή οι ίδιοι εγκατέλειψαν την βούληση του Θεού και απομακρύνθηκαν από την αλήθεια, όταν μετανοήσουν και απομακρυνθούν από την αμαρτία, ο Θεραπευτής Θεός θα τους καθαρίσει. Ορισμένους θα τους γιατρέψει αμέσως, άλλους θα γιατρέψει λίγο αργότερα, κι άλλους πάλι θα γιατρέψει ανάλογα με την ανάπτυξη της πίστης τους. Το έργο της θεραπείας θα λάβει χώρα ανάλογα με το θέλημα του Θεού: αν οι άνθρωποι έχουν αμετάβλητες καρδιές ενώπιόν Του, θα θεραπευθούν αμέσως, ενώ, αν οι καρδιές τους είναι πονηρές, θα θεραπευθούν αργότερα.

6. Θα Απαλλαγούμε από τη Νόσο Όταν θα Ζούμε με Πίστη

Επειδή ο Μωυσής ήταν ο πιο ταπεινός άνθρωπος επί της γης (Αριθμοί 12:3), και ήταν πιστός σε όλο τον οίκο του Θεού, εθεωρείτο έμπιστος δούλος του Θεού (Αριθμοί 12:7). Η Βίβλος μάς λέει επίσης ότι όταν ο Μωυσής πέθανε, σε ηλικία εκατόν είκοσι ετών, οι οφθαλμοί του δεν ήταν αδύναμοι, κι ούτε είχε ελαττωθεί η δύναμή του (Δευτερονόμιον 34:7). Κι επειδή ο Αβραάμ ήταν πλήρης άνθρωπος, ο οποίος υπάκουε με πίστη και σεβόταν τον Θεό, έζησε μέχρι την ηλικία των εκατόν εβδομήντα πέντε ετών (Γένεσις 25:7). Ο Δανιήλ, αν κι έτρωγε μόνο λαχανικά, ήταν υγιής (Δανιήλ 1:12-16), ενώ και ο Ιωάννης ο Βαπτιστής ήταν γερός, αν κι έτρωγε μονάχα ακρίδες και άγριο μέλι (Κατά Ματθαίον 3:4).

Πιθανόν να αναρωτηθεί κανείς, πώς είναι δυνατόν να διατηρεί κάποιος την υγεία του δίχως την κατανάλωση κρέατος. Κι όμως, όταν ο Θεός αρχικά έπλασε τον άνθρωπο, του είπε να τρώει μονάχα καρπούς. Στη Γένεση, χωρίο 2:16-17, ο Θεός λέει στον άνθρωπο, *«Από κάθε δέντρο του παραδείσου θα τρως ελεύθερα, από το δέντρο της γνώσης του καλού και του κακού, όμως, δεν θα φας απ' αυτό· επειδή, την ίδια ημέρα που θα φας απ' αυτό, θα πεθάνεις οπωσδήποτε.»* Μετά την ανυπακοή του Αδάμ, ο Θεός τού επέτρεπε να τρώει μόνο τα φυτά του αγρού (Γένεσις 3:18), και καθώς συνέχισε να ευδοκιμεί η αμαρτία στον κόσμο αυτόν, μετά την κρίση του Κατακλυσμού, ο Θεός έδωσε την εξής οδηγία στον Νώε, στη Γένεση 9:3, *«κάθε τι που κινείται, το οποίο ζει, θα είναι σε σας τροφή· μέχρι το χλωρό χορτάρι, σας έδωσα τα πάντα»* καθώς ο άνθρωπος έγινε βαθμιαίως κακοήθης, ο Θεός τού επέτρεψε να τρώει κρέας, αλλά όχι «βδελυρό» φαγητό (Λευιτικόν 11, Δευτερονόμιον 14).

Την εποχή της Καινής Διαθήκης, ο Θεός μάς είπε στις

Πράξεις Των Αποστόλων 15:29, «*να απέχετε από ειδωλόθυτα, και από αίμα, και πνικτό, και πορνεία· από τα οποία φυλάγοντας τον εαυτό σας, θα πράξετε καλά»*. Μας επέτρεψε να τρώμε φαγητό που είναι ωφέλιμο για την υγεία μας και μας συμβούλεψε να αποφεύγουμε φαγητό που μας βλάπτει. Και έτσι, μας ωφελεί να μην τρώμε και να μην πίνουμε κάτι το οποίο δεν ευχαριστεί τον Θεό. Όσο ακολουθούμε το θέλημα του Θεού και ζούμε με πίστη, θα δυναμώνουν τα σώματά μας, θα μας εγκαταλείπουν τα νοσήματα, και δεν θα μας κυριεύει καμία άλλη ασθένεια.

Επιπλέον, δεν θα αρρωστήσουμε όταν ζούμε στην δικαιοσύνη με πίστη, διότι πριν δυο χιλιάδες χρόνια, ο Ιησούς Χριστός ήρθε σε τούτον τον κόσμο και σήκωσε όλα μας τα βάρη. Και όσο πιστεύουμε ότι χύνοντας το αίμα Του, ο Ιησούς μάς λύτρωσε από τις αμαρτίες μας, και με το μαστίγωμά Του ανέλαβε τις αδυναμίες μας (Κατά Ματθαίον 8:17), τότε έχουμε γιατρευτεί και αυτό θα πραγματοποιηθεί ανάλογα με την πίστη μας (Ησαΐας 53:5-6, Πέτρου Α' 2:24).

Πριν γνωρίσουμε τον Θεό, δεν είχαμε πίστη. Ζούσαμε επιδιώκοντας τις επιθυμίες της αμαρτωλής μας φύσης και υποφέραμε από διάφορες νόσους ως συνέπεια των αμαρτιών μας. Όταν ζούμε με πίστη, και πράττουμε τα πάντα με δικαιοσύνη, θα ευλογηθούμε με σωματική υγεία.

Όταν ο νους είναι υγιής, και το σώμα θα είναι υγιές. Καθώς ζούμε με δικαιοσύνη και συμπεριφερόμαστε σύμφωνα με τον Λόγο του Θεού, το σώμα μας θα γεμίζει με το Άγιο Πνεύμα. Οι νόσοι θα μας εγκαταλείπουν και το σώμα μας θα λαμβάνει σωματική υγεία, και καμία ασθένεια δεν θα μας διεισδύει. Τα σώματά μας θα βρουν ειρήνη, θα νιώθουν ελαφριά, χαρούμενα και υγιέστατα, δεν θα έχουμε ανάγκες, αλλά θα νιώθουμε μόνο ευγνωμοσύνη προς τον Θεό που μας χάρισε υγεία.

Μακάρι να φέρεστε με δικαιοσύνη και πίστη, ώστε να τα πηγαίνει καλά το πνεύμα σας, και θα γιατρευτείτε από όλες σας τις νόσους και τις αδυναμίες σας, και να λάβετε υγεία! Μακάρι να λάβετε και την άφθονη αγάπη του Θεού καθώς υπακούτε και ζείτε σύμφωνα με τον Λόγο Του – για όλα αυτά προσεύχομαι στο όνομα του Κυρίου μας!

Κεφάλαιο 4

Με το Μαρτύριό Του Θεραπευόμαστε

Αυτός, στην πραγματικότητα,
βάσταξε τις ασθένειές μας,
και επιφορτίστηκε τις θλίψεις μας·
ενώ, εμείς τον θεωρήσαμε τραυματισμένον,
πληγωμένον από τον Θεό, και ταλαιπωρημένον.
Αυτός, όμως, τραυματίστηκε για τις παραβάσεις μας·
ταλαιπωρήθηκε για τις ανομίες μας· η τιμωρία,
που έφερε τη δική μας ειρήνη, ήταν επάνω σ' αυτόν·
και διαμέσου των πληγών
του γιατρευτήκαμε εμείς.

Ησαΐας 53:4-5

1. Ο Ιησούς Ως Υιός Του Θεού Θεράπευσε Όλες Τις Νόσους

Καθώς οι άνθρωποι διευθύνουν την πορεία της ζωής τους, αντιμετωπίζουν ποικίλα προβλήματα. Όπως η θάλασσα δεν είναι πάντα ήρεμη, στην θάλασσα της ζωής υπάρχουν πολλά προβλήματα τα οποία προέρχονται από το σπίτι, την δουλειά, την επιχείρηση, από ασθένειες, από πλούτη, και απ' άλλα παρόμοια. Δεν θα ήταν υπερβολή να δηλώσω ότι από αυτά τα βάσανα της ζωής, το πιο σημαντικό είναι η ασθένεια.

Άσχετα με την ποσότητα του πλούτου ή των γνώσεων που ίσως κατέχει ένα άτομο, αν πάθει κρίσιμη ασθένεια, όλα για τα οποία έχει εργασθεί σε όλη του την ζωή, δεν θα είναι τίποτε άλλο παρά μια φούσκα. Από τη μια πλευρά, βρίσκουμε ότι καθώς αναπτύσσεται ο υλικός πολιτισμός και τα πλούτη αυξάνονται, κι η ανθρώπινη επιθυμία για υγεία επίσης δυναμώνει. Απ' την άλλη, ανεξαρτήτως του πόσο έχει αναπτυχθεί η επιστήμη και η ιατρική, καινούργιες και σπάνιες νόσοι – ενάντια στις οποίες οι ανθρώπινες γνώσεις είναι μάταιες – συνεχώς ανακαλύπτονται και ο αριθμός των ανθρώπων που υποφέρουν μεγαλώνει σταθερά. Ίσως γι αυτό να υπάρχει και περισσότερη έμφαση στην υγεία στην σύγχρονη εποχή.

Τα πάθη, οι νόσοι, και ο θάνατος – όλα προερχόμενα από την αμαρτία – συνοψίζουν τον ανθρώπινο περιορισμό. Όπως έκανε την εποχή της Παλαιάς Διαθήκης, ο

Θεραπευτής Θεός μάς παρουσιάζει σήμερα τον τρόπο με τον οποίο οι πιστεύοντας σε αυτόν μπορούν να γιατρευτούν από όλες τις νόσους, δια μέσου της πίστης τους στον Ιησού Χριστό. Ας εξετάσουμε την Βίβλο και θα δούμε τον λόγο που λαμβάνουμε απαντήσεις για το πρόβλημα της αρρώστιας και γιατί ζούμε ζωή με υγεία μέσω της πίστης μας στον Ιησού Χριστό.

Όταν ο Ιησούς ρώτησε τους μαθητές του, «Ποιος λέτε ότι είμαι;» ο Απόστολος Πέτρος (Σίμωνας) του αποκρίθηκε, «Εσύ είσαι ο Χριστός, ο Υιός του ζωντανού Θεού» (Κατά Ματθαίον 16:15-16). Αυτή η απάντηση φαίνεται αρκετά απλή, αλλά αποκαλύπτει με απλό τρόπο ότι μόνο ο Ιησούς είναι ο Χριστός.

Την εποχή Του, πολύς κόσμος ακολουθούσε τον Ιησού διότι γιάτρευε αμέσως τους άρρωστους. Σ' αυτούς περιλαμβάνονται οι δαιμονισμένοι, οι επιληπτικοί, οι παράλυτοι, και άλλοι που υπέφεραν από διάφορες νόσους. Όταν οι λεπροί, άνθρωποι με πυρετό, οι ανάπηροι, οι τυφλοί, κι όλοι οι υπόλοιποι, θεραπεύονταν με το άγγιγμα του Ιησού, άρχιζαν να τον ακολουθούν και να τον υπηρετούν. Τι θαυμάσιο θα ήταν αυτό το θέαμα; Γινόμενοι μάρτυρες σε τέτοια σημεία και θαύματα, οι άνθρωποι πίστευαν και δέχονταν τον Ιησού, λάμβαναν απαντήσεις στα προβλήματα της ζωής, και οι άρρωστοι ζούσαν την εμπειρία του έργου της θεραπείας. Επιπλέον, όπως ο Ιησούς γιάτρευε τον κόσμο που ζούσε στην εποχή Του, έτσι και σήμερα οποίος παρουσιασθεί ενώπιον του Ιησού μπορεί να λάβει γιατρειά.

Ένας άνθρωπος που ήταν σχεδόν ανάπηρος, λίγο καιρό μετά την ίδρυση της εκκλησίας μου, ήρθε ν' ακούσει την Εκκλησιαστική Λειτουργία της Παρασκευής, η οποία διαρκούσε όλη νύχτα. Μετά από αυτοκινητικό δυστύχημα, ο κύριος αυτός έκανε θεραπεία για πολύ καιρό σε ένα νοσοκομείο. Κι όμως, επειδή οι τένοντες στα γόνατά του είχαν εκταθεί, δεν μπορούσε να λυγίσει το πόδι του, κι επειδή η γάμπα του δεν κινιόταν, του ήταν αδύνατον να περπατήσει. Ενώ άκουγε το κήρυγμα του Λόγου, λαχταρούσε να δεχθεί τον Ιησού Χριστό και να γιατρευτεί. Όταν εγώ προσευχήθηκα θερμά γι' αυτόν τον άνθρωπο, σηκώθηκε αμέσως κι άρχισε να περπατάει και να τρέχει. Όπως με τον ανάπηρο, ο οποίος κοντά σε μία πύλη ναού ονομαζόμενη Ωραία Πύλη, σηκώθηκε στα πόδια του και άρχισε να περπατάει με την προσευχή του Πέτρου (Πράξεις Των Αποστόλων 3:1-10), το θαυματουργό έργο του Θεού εκδηλώθηκε πάλι.

Αυτό αποδεικνύει ότι οποίος πιστεύει στον Ιησού Χριστό και λαμβάνει συγχώρηση εις το όνομά Του, μπορεί να γιατρευτεί απ' όλες τις ασθένειες του – έστω κι αν η ιατρική επιστήμη δεν μπόρεσε να τις γιατρέψει – καθώς το σώμα του αναζωογονείται και επανορθώνεται. Ο Θεός, ο οποίος είναι ίδιος χθες και σήμερα και αιώνιος (Προς Εβραίους 13:8), εργάζεται εντός των ανθρώπων που πιστεύουν στον Λόγο Του και που ζητούν ανάλογα με το μέτρο της πίστης τους, και Αυτός θεραπεύει ποικίλες ασθένειες, ανοίγει τους οφθαλμούς των τυφλών, και κάνει τους ανάπηρους να σταθούν όρθιοι.

Όποιος έχει δεχθεί τον Ιησού Χριστό, έχει συγχωρεθεί για όλες του τις αμαρτίες, και έχει γίνει τέκνο του Θεού, πρέπει τώρα να ζει ελεύθερη ζωή.

Ας εξετάσουμε τώρα λεπτομερώς τον λόγο που κάθε ένας από εμάς μπορεί να ζει υγιή ζωή όταν αρχίσουμε να πιστεύουμε στον Ιησού Χριστό.

2. Ο Ιησούς Μαρτύρησε και Έχυσε Το Αίμα Του

Πριν την σταύρωσή Του, οι Ρωμαίοι στρατιώτες Τον μαστίγωσαν και έχυσε το αίμα Του στην αυλή του Πόντιου Πιλάτου. Οι Ρωμαίοι στρατιώτες της εποχής Του ήταν γεροί στην υγεία τους, φοβερά δυνατοί, και καλά εκπαιδευμένοι. Άλλωστε, ήταν στρατιώτες που άνηκαν στην αυτοκρατορία που κυβερνούσε τον κόσμο την εποχή εκείνη. Ο φρικτός πόνος τον οποίον άντεξε ο Ιησούς όταν οι δυνατοί στρατιώτες τον έγδυσαν και τον μαστίγωσαν δεν περιγράφεται με λόγια. Με κάθε χτύπημα, το μαστίγιο τυλιγόταν γύρω απ' το σώμα του Ιησού κι έκοβε την σάρκα Του καθώς το αίμα έσταζε απ' το σώμα Του.

Γιατί ήταν ανάγκη να μαστιγωθεί τόσο σκληρά και να ματώσει για εμάς τους αμαρτωλούς ο Ιησούς, ο Υιός του Θεού, ο οποίος είναι αναμάρτητος, άμεμπτος και τέλειος; Αυτό το συμβάν εμπεριέχει μια πνευματική έννοια τεράστιου βάθους και καταπληκτικής πρόνοιας του Θεού.

Στην Α' επιστολή Πέτρου, χωρίο 2:24, αναφέρεται ότι με τις πληγές του Ιησού θεραπευτήκαμε. Στον Ησαΐα, εδάφιο 53:5, διαβάζουμε ότι μέσω του μαρτυρίου Του εμείς θεραπευτήκαμε. Πριν δυο χιλιάδες χρόνια περίπου, ο Ιησούς, ο Υιός του Θεού, μαστιγώθηκε για να λυτρώσει εμάς από την αγωνία της νόσου, και το αίμα που έχυσε ήταν εξαιτίας της δικής μας αμαρτίας, επειδή δεν ζούσαμε σύμφωνα με τον Λόγο του Θεού. Όταν πιστέψουμε στον Ιησού Χριστό που μαστιγώθηκε και μάτωσε, θα έχουμε ήδη απαλλαγεί από τις νόσους μας και θα έχουμε ήδη γιατρευτεί. Αυτό αποτελεί ένδειξη της εκπληκτικής αγάπης και σοφίας του Θεού.

Επομένως, αν υποφέρετε από νόσο και είσθε τέκνο του Θεού, μετανοήστε για τις αμαρτίες σας και πιστέψτε ότι πράγματι έχετε γιατρευτεί. διότι, *«είναι δε η πίστη, πεποίθηση γι' αυτά που ελπίζονται, βεβαίωση για πράγματα που δεν βλέπονται»* (Προς Εβραίους 11:1). Ακόμη και αν νιώθετε πόνο στα σημεία του σώματος σας που είναι άρρωστα, με την πίστη που σας κάνει ικανούς να πείτε, «Έχω ήδη γιατρευτεί», πράγματι θα θεραπευθείτε γρήγορα.

Τον καιρό που φοιτούσα στο Δημοτικό σχολείο, είχα τραυματισθεί στο ένα μου πλευρό, και όταν ο πόνος επανερχόταν σποραδικά, ήταν τόσο ανυπόφορος που δυσκολευόμουν να αναπνεύσω. Ένα ή δυο χρόνια αφού δέχθηκα τον Ιησού Χριστό, ενώ προσπαθούσα να σηκώσω ένα βαρύ αντικείμενο, ο πόνος επανήλθε και δεν μπορούσα να κάνω βήμα παραπάνω. Κι όμως, επειδή είχα την εμπειρία και την πίστη της δύναμης του παντοδύναμου Θεού, προσευχήθηκα θερμά, «όταν θα κινηθώ μετά την προσευχή μου, πιστεύω ότι ο πόνος θα έχει εξαφανισθεί και θα περπατήσω.» Καθώς πίστευα μονάχα στον παντοδύναμο Θεό και έσβησα την σκέψη του πόνου, μπόρεσα να σταθώ και να περπατήσω. Ήταν σαν να είχε υπάρξει αυτός ο πόνος μόνο στην φαντασία μου.

Όπως μας είπε ο Ιησούς στο Κατά Μάρκον 11:24, *«Γι' αυτό, σας λέω: Όλα όσα ζητάτε, καθώς προσεύχεστε, πιστεύετε ότι τα παίρνετε, και θα γίνει σε σας.»* Αν πιστεύουμε πως έχουμε γιατρευτεί, πράγματι θα λάβουμε γιατρειά ανάλογα με την πίστη μας. Όμως, αν πιστεύουμε ότι δεν γιατρευτήκαμε, επειδή νιώθουμε ακόμη πόνο, η νόσος μας δεν θα θεραπευθεί. Μ' αλλά λόγια, μονάχα όταν σπάσουμε το καλούπι των σκέψεών μας, θα γίνουν όλα ανάλογα με την πίστη μας.

Για τούτο τον λόγο ο Θεός μάς λέει ότι το αμαρτωλό μυαλό είναι εχθρικό προς τον Θεό (Προς Ρωμαίους 8:7), και μας ενθαρρύνει να αιχμαλωτίσουμε κάθε σκέψη μας για να την κάνουμε υπάκουη προς τον Θεό (Προς Κορινθίους Β' 10:5). Επιπλέον, στο Κατά Ματθαίον 8:17 βρίσκουμε ότι ο Ιησούς ανέλαβε τις ασθένειες μας και βάσταξε τις αναπηρίες μας. Αν σκεφθεστε, «είμαι αδύναμος», μπορείτε μόνο να παραμείνετε αδύναμοι. Κι όμως, ανεξάρτητα από πόσο δύσκολη ή εξαντλημένη πιθανόν να είναι η ζωή σας, αν τα χείλη σας ομολογούν, «επειδή έχω μέσα μου την δύναμη και την χάρη του Θεού και επειδή με κυβερνάει το Άγιο Πνεύμα, δεν είμαι εξαντλημένος,» η εξάντληση θα φθαρεί και θα μεταμορφωθείτε σε δυνατό άτομο.

Αν δίχως άλλο πιστεύουμε στον Ιησού Χριστό, ο οποίος ανέλαβε τις ασθένειες μας και βάσταξε τις αναπηρίες μας, πρέπει να θυμόμαστε ότι δεν υπάρχει λόγος να υποφέρουμε από αρρώστιες.

3. Όταν Ο Ιησούς Είδε Την Πίστη Τους

Τώρα που έχουμε γιατρευτεί από τις νόσους μας με το μαρτύριο του Ιησού, χρειαζόμαστε πίστη με την οποία θα μπορέσουμε να το πιστέψουμε αυτό. Σήμερα, πολλοί άνθρωποι που προηγουμένως δεν πίστευαν στον Ιησού Χριστό, παρουσιάζονται ενώπιον Του με τις ασθένειές τους. Ορισμένοι άνθρωποι θεραπεύονται μόλις δεχτούν τον Ιησού Χριστό, ενώ άλλοι δεν εκδηλώνουν καμία πρόοδο παρόλο που προσεύχονται για μήνες ολόκληρους. Οι άνθρωποι της δεύτερης κατηγορίας πρέπει να κοιτάξουν στο παρελθόν και να εξετάσουν την πίστη τους.

Με μια περιγραφή που παρουσιάζεται στο Κατά Μάρκον εδάφιο 2:1-12, ας εξερευνήσουμε τον τρόπο με τον οποίο ο παραλυτικός και οι τέσσερις φίλοι του εκδήλωσαν την πίστη τους, αναγκάζοντας το θεραπευτικό χέρι του Κυρίου να τον απαλλάξει από την νόσο του, και πώς δόξασαν τον Θεό.

Όταν ο Ιησούς επισκέφθηκε την Καπερναούμ, τα νέα για τον ερχομό του διαδόθηκαν ταχέως και αμέσως μαζεύτηκε μεγάλο πλήθος. Ο Ιησούς τους κήρυξε τον Λόγο του Θεού – την αλήθεια – ενώ το πλήθος άκουγε προσεχτικά, επιθυμώντας να μην χάσουν ούτε μια λέξη του Ιησού. Ακριβώς εκείνη την στιγμή, τέσσερις άνδρες έφεραν έναν παραλυτικό πάνω σε κρεβάτι, αλλά εξαιτίας του τεράστιου πλήθους, δεν μπορούσαν να φέρουν τον παραλυτικό κοντά στον Ιησού.

Ωστόσο, δεν παραιτήθηκαν. Αντιθέτως, ανέβηκαν στην στέγη του σπιτιού όπου βρισκόταν ο Ιησούς, άνοιξαν μια τρύπα πάνω από τον Ιησού, την έσκαψαν, και χαμήλωσαν τον παραλυτικό ξαπλωμένο επάνω στο κρεβάτι. Όταν είδε ο Ιησούς την πίστη τους, είπε στον παραλυτικό, «Τέκνο μου, συγχωρημένες είναι οι αμαρτίες σου....σήκω, πάρε το κρεβάτι σου και πήγαινε σπίτι σου,» και έτσι, ο παραλυτικός έλαβε την θεραπεία την οποία λαχταρούσε ολόψυχα. Όταν πήρε το κρεβάτι του και βγήκε έξω ενώπιον όλων, οι πάντες στο πλήθος έμειναν έκπληκτοι και δόξασαν τον Θεό.

Ο παραλυτικός είχε υποφέρει από τόσο σοβαρή ασθένεια που δεν μπορούσε να κουνηθεί δίχως βοήθεια. Όταν άκουσε τα νέα για τον Χριστό, ο οποίος άνοιγε τους οφθαλμούς των τυφλών, έκανε τους παράλυτους να σταθούν όρθιοι, γιάτρεψε έναν λεπρό, απέβαλε δαίμονες, και θεράπευε πολλούς άλλους που υπέφεραν από ποικίλες ασθένειες, ήθελε απελπισμένα να γνωρίσει τον Ιησού.

Επειδή είχε αγαθή καρδιά, όταν έμαθε ο παραλυτικός τα νέα, λαχταρούσε να γνωρίσει τον Ιησού, μόλις βρήκε που επρόκειτο να μείνει.

Μια μέρα, ο παραλυτικός άκουσε ότι ο Ιησούς είχε φθάσει στην Καπερναούμ. Φαντάζεσθε πόσο χαρούμενος θα ήταν ακούγοντας τέτοια νέα; Θα είχε ψάξει για φίλους να τον βοηθήσουν, και οι φίλοι του – που ευτυχώς είχαν προσωπική πίστη, δέχθηκαν αμέσως να κάνουν ό,τι τους ζήτησε ο φίλος τους. Οι φίλοι του παραλυτικού είχαν ήδη ακούσει τα νέα περί του Ιησού, κι έτσι, όταν ο παραλυτικός τούς ζήτησε θερμά να τον πάνε στον Ιησού, συμφώνησαν.

Αν οι φίλοι τού παραλυτικού είχαν παραμελήσει αυτό που τους ζήτησε και αν τον κορόιδευαν, λέγοντας, «Πώς μπορείς να πιστεύεις τέτοια πράγματα χωρίς να τα έχεις δει εσύ ο ίδιος;» δεν θα είχαν μπει στον κόπο να βοηθήσουν τον φίλο τους. Όμως, επειδή κι οι ίδιοι είχαν πίστη, τον κουβάλησαν επάνω στο κρεβάτι, ο καθένας τους κουβαλώντας μια άκρη, και μπήκαν και στον κόπο να κάνουν το άνοιγμα στη στέγη του σπιτιού.

Όταν είδαν το μεγάλο πλήθος που μαζεύτηκε, οι φίλοι που είχαν ταξιδέψει με μεγάλη δυσκολία έως εκεί, και τώρα δεν μπορούσαν να στριμωχθούν πιο μέσα για να πλησιάσουν τον Ιησού, πόσο ανήσυχοι και αποκαρδιωμένοι άραγε θα αισθάνονταν; Μάλλον θα ζητούσαν και θα παρακαλούσαν για ένα μικρό άνοιγμα. Κι όμως, δεν έβλεπαν άνοιγμα, εξαιτίας του πολύ κόσμου που είχε μαζευτεί, και άρχιζαν να απελπίζονται. Τελικά, αποφάσισαν ν' ανέβουν στην στέγη του σπιτιού όπου βρισκόταν ο Ιησούς, έκαναν την τρύπα, και χαμήλωσαν τον φίλο τους ξαπλωμένο πάνω στο κρεβάτι, μπροστά στον Ιησού. Ο παραλυτικός ήρθε και γνώρισε τον Ιησού στην πιο κοντινή απόσταση από τους υπόλοιπους που είχαν συγκεντρωθεί εκεί. Με αυτή την ιστορία, μαθαίνουμε πόσο ολόψυχα λαχταρούσαν να πλησιάσουν τον Ιησού ο παραλυτικός και οι φίλοι του.

Πρέπει να δώσουμε προσοχή στο γεγονός ότι ο παραλυτικός και οι φίλοι του δεν πλησίασαν απλά τον Ιησού. Το γεγονός ότι ταλαιπωρήθηκαν τόσο πολύ για να τον συναντήσουν έχοντας ακούσει μόνο νέα για Αυτόν, μας λέει ότι πίστεψαν στα νέα που άκουσαν για Αυτόν και στο μήνυμα που δίδασκε. Επιπλέον, υπερνικώντας τις φαινομενικές δυσκολίες, αντέχοντας και πλησιάζοντας δυναμικά τον Ιησού, ο παραλυτικός και οι φίλοι έδειξαν πόσο ταπεινοί ήταν όταν παρουσιάσθηκαν ενώπιον Αυτού.

Όταν οι άνθρωποι είδαν τον παραλυτικό και τους φίλους του να ανεβαίνουν στην στέγη και να κάνουν το άνοιγμα, το πλήθος ή θα τους περιφρόνησε ή θα οργίστηκε. Ίσως και να ακολούθησε περιστατικό το οποίο δεν μπορούμε να φαντασθούμε. Κι όμως, για αυτούς τους πέντε ανθρώπους, τίποτε και κανείς δεν επρόκειτο να μπει εμπόδιο στον δρόμο τους. Μόλις συναντούσαν τον Ιησού, ο παραλυτικός επρόκειτο να θεραπευτεί και τότε θα επιδιόρθωναν την στέγη εύκολα ή θα αποζημίωναν για τη ζημιά.

Κι όμως, ανάμεσα σε πολλούς ανθρώπους που

υποφέρουν από σοβαρές αρρώστιες σήμερα, είναι δύσκολο να βρεθεί ασθενής ή οικογένεια που να παρουσιάζουν πίστη. Αντί να πλησιάζουν τον Ιησού δυναμικά, βιάζονται να πούνε, «είμαι φοβερά άρρωστος. Θα ήθελα να πάω αλλά δεν είμαι ικανός,» ή «Η τάδε στην οικογένεια μου είναι τόσο αδύναμη που δεν μπορεί να κινηθεί.» Είναι αποκαρδιωτικό να βλέπουμε τόσο απαθείς ανθρώπους, οι οποίοι φαίνονται απλά σαν να περιμένουν να πέσει ένα Μήλο στο στόμα τους από την μηλιά. Αυτοί οι άνθρωποι, μ' άλλα λόγια, έχουν έλλειψη πίστης.

Αν οι άνθρωποι δηλώνουν την πίστη τους στον Θεό, πρέπει και να υπάρχει ειλικρινής τρόπος για να δείξουν την πίστη τους. Διότι, δεν μπορεί κανείς να βιώσει το έργο του Θεού αν η πίστη του λαμβάνεται και αποθηκεύεται απλώς σαν γνώσεις, αλλά μόνο όταν αποδεικνύει την πίστη του με πράξεις, τότε ζωντανεύει η πίστη του, και θα κτισθεί το θεμέλιο της για να λαμβάνει την πνευματική πίστη την δοσμένη από τον Θεό. Επομένως, όπως ο παραλυτικός έλαβε το έργο θεραπείας του Θεού πάνω στο θεμέλιο της πίστης του, έτσι κι εμείς πρέπει να γίνουμε σοφοί και να Του εκδηλώσουμε το θεμέλιο της δικής μας πίστης – την πίστη την ίδια – ώστε κι εμείς να μπορέσουμε να έχουμε ζωή όπου θα λαμβάνουμε πνευματική πίστη δοσμένη εκ Θεού, και θα βιώσουμε τα θαύματά Του.

4. Είναι Συγχωρεμένες οι Αμαρτίες σας

Στον παραλυτικό, που με την βοήθεια των τεσσάρων φίλων του παρουσιάσθηκε ενώπιον Του, ο Ιησούς είπε, «Τέκνο μου, είναι συγχωρημένες οι αμαρτίες σου,» κι έλυσε το πρόβλημα της αμαρτίας. Διότι όταν υπάρχει το τείχος της αμαρτίας μεταξύ ανθρώπου και Θεού, είμαστε ανίκανοι να λάβουμε απαντήσεις, και για αυτό ο Ιησούς πρώτα έλυσε το πρόβλημα της αμαρτίας για τον παραλυτικό, ο οποίος ήρθε σε Αυτόν με θεμέλιο πίστης.

Αν δηλώνουμε την πίστη μας στον Θεό με ειλικρίνεια, η Βίβλος μάς εξηγεί με τι είδους στάση πρέπει να Τον πλησιάσουμε και πως πρέπει να ενεργήσουμε. Υπακούοντας εντολές όπως, «Κάνετε», «Να μην κάνετε», «Κρατήσετε», «Αποβάλετε», και παρόμοια, ο άδικος άνθρωπος θα μεταμορφωθεί σε άνθρωπο δίκαιο, κι ο ψεύτης θα μεταμορφωθεί σε άνθρωπο φιλαλήθη και ειλικρινή. Όταν υπακούμε τον Λόγο της αλήθειας, οι αμαρτίες μας θα καθαρισθούν με το αίμα του Κυρίου μας, και όταν μας δίδεται συγχώρεση, η προστασία και οι απαντήσεις του Θεού θα έρχονται άνωθεν.

Επειδή όλες οι ασθένειες προέρχονται από την αμαρτία, μόλις τακτοποιηθεί το πρόβλημα της αμαρτίας, η κατάσταση που χρειάζεται για να εκδηλωθεί το έργο του Θεού θα καθιερωθεί. Όπως μια λάμπα που ανάβει και ένα μηχάνημα λειτουργεί όταν ο ηλεκτρισμός μπαίνει από την άνοδο και βγαίνει από την κάθοδο, έτσι και όταν ο Θεός δει το θεμέλιο πίστης κάποιου ατόμου, θα κηρύξει συγχώρεση και θα του χαρίσει πίστη άνωθεν, κάνοντας ένα θαύμα.

«Σήκω, πάρε το κρεβάτι σου και πήγαινε σπίτι σου» (Κατά Μάρκον 2:11). Πόσο ενθαρρυντική είναι αυτή η παρατήρηση; Βλέποντας την πίστη του παραλυτικού και των τεσσάρων φίλων του, ο Ιησούς έλυσε το πρόβλημα της αμαρτίας και ο παραλυτικός αμέσως περπάτησε. Αφού το ποθούσε για καιρό, έγινε ολόκληρος και πάλι. Παρομοίως, αν ευχόμαστε να λάβουμε απόκριση όχι μόνο για τα νοσήματα αλλά και για ο,τιδήποτε άλλα προβλήματα αντιμετωπίζουμε, πρέπει να θυμηθούμε ότι είναι απαραίτητο να λάβουμε πρώτα συγχώρηση και να καθαρίσουμε τις καρδιές μας.

Όταν είχαν ελάχιστη πίστη οι άνθρωποι, ίσως να επιδίωκαν λύσεις για τις αρρώστιες τους βασισμένοι στα φάρμακα και στους γιατρούς, αλλά τώρα που αναπτύχθηκε η πίστη τους και η αγάπη τους για τον Θεό, και ζουν σύμφωνα με τον Λόγο Του, η νόσος δεν τους κυριεύει. Έστω κι αν αδιαθέτησαν, μόλις κοίταξαν πίσω στο παρελθόν τους, μετανοήσαν από τα βάθη της καρδιάς τους, και στράφηκαν μακριά από τις αμαρτωλές τους συνήθειες, έλαβαν αμέσως θεραπεία. Ξέρω ότι πολλοί από εσάς είχατε τέτοιες εμπειρίες.

Πριν κάποιο καιρό, ένας πρεσβύτερος στην εκκλησία μου έλαβε διάγνωση ρήξης δίσκου, και ξαφνικά ήταν ανίκανος να κινηθεί. Αμέσως, κοίταξε το παρελθόν του, μετάνιωσε, κι εγώ προσευχήθηκα γι' αυτόν. Το θεραπευτικό έργο του

Θεού έγινε επί τόπου κι έγινε πάλι καλά.

Όταν η θυγατέρα μιας μάνας υπέφερε από πυρετό, η μητέρα του παιδιού αντιλήφθηκε ότι η δύστροπη ιδιοσυγκρασία της ήταν στην ρίζα της πάθησης της κόρης της, κι όταν μετανόησε γι' αυτό, το παιδί έγινε καλά πάλι.

Για να σώσει όλη την ανθρωπότητα, η οποία λόγω της ανυπακοής του Αδάμ βρέθηκε στον δρόμο της καταστροφής, ο Θεός έστειλε τον Ιησού Χριστό σ' αυτόν τον κόσμο, κι επέτρεψε να Τον βλαστημήσουν και να Τον σταυρώσουν για λογαριασμό μας. Αυτό συνέβη επειδή η Βίβλος λέει, *«χωρίς χύση αίματος δεν γίνεται άφεση»* (Προς Εβραίους 9:22) και *«Επικατάρατος καθένας που κρεμιέται επάνω σε ξύλο»* (Προς Γαλάτας 3:13).

Τώρα που γνωρίζουμε ότι το πρόβλημα της αρρώστιας έχει ρίζα στην αμαρτία, είναι ανάγκη να μετανοήσουμε για όλες τις αμαρτίες μας και να πιστέψουμε ειλικρινά στον Ιησού Χριστό, ο οποίος μας λύτρωσε από όλες τις ασθένειές μας, και με την πίστη αυτή να ζούμε υγιή ζωή. Σήμερα, πολλοί αδελφοί γιατρεύονται, ομολογούν την δύναμη του Θεού, και δίνουν μαρτυρία για τον ζωντανό Θεό. Αυτό αποδεικνύει, ότι οποίος δέχεται τον Ιησού Χριστό και ζητάει στο όνομα Του, θα λυθούν όλα του τα προβλήματα σχετικά με την νόσο του. Ανεξαρτήτως πόσο βαριά είναι η ασθένεια εκείνου που πιστεύει με την καρδιά του τον Ιησού Χριστό, ο οποίος μαστιγώθηκε κι έχυσε το αίμα Του, για αυτόν θα εκδηλωθεί το εκπληκτικό θεραπευτικό έργο του Θεού.

5. Η Πίστη Τελειοποιείται με την Πράξη

Όπως ο παραλυτικός θεραπεύθηκε με βοήθεια από τους τέσσερις φίλους του, όταν έδειξαν την πίστη τους στον Ιησού, αν θέλουμε να πραγματοποιηθούν οι επιθυμίες που έχουμε στην καρδιά μας, έτσι πρέπει κι εμείς να εκδηλώσουμε στον Θεό πίστη που να συνοδεύεται με πράξη, κι έτσι να ιδρύσουμε θεμέλιο πίστης. Για να βοηθήσω τους αναγνώστες να καταλάβουν πιο καλά την έννοια της πίστης, θα προσφέρω μια περιληπτική εξήγηση.

Στην ζωή ενός πιστού, «η πίστη» διαιρείται και εξηγείται με δυο κατηγορίες. Η «πίστη της σάρκας» ή η «πίστη ως γνώση» αναφέρεται στο είδος της πίστης με την οποία πιστεύουμε λόγω απτών αποδείξεων, και πιστεύουμε μόνο τον Λόγο που αντιστοιχεί στις γνώσεις και στις σκέψεις μας. Αντιθέτως, η «πνευματική πίστη» αναφέρεται στο είδος πίστης με την οποία το άτομο μπορεί να πιστεύει ακόμη και χωρίς να βλέπει, και ο Λόγος δεν αντιστοιχεί στις γνώσεις και στις σκέψεις του.

Με την «σαρκική πίστη», πιστεύουμε ότι κάτι το ορατό έχει δημιουργηθεί μονάχα από κάτι άλλο το οποίο είναι κι αυτό ορατό. Με την «πνευματική πίστη», την οποία δεν μπορεί να κατέχει κανείς όταν ενσωματώνει τις δικές του σκέψεις και γνώσεις, το άτομο πιστεύει ότι είναι δυνατόν να δημιουργηθεί το ορατό από κάτι που είναι αόρατο. Με την δεύτερη κατηγορία απαιτείται η καταστροφή της ατομικής γνώσης και σκέψης.

Απ' την στιγμή που γεννιόμαστε, ένας ανυπολόγιστος αριθμός γνώσεων καταχωρείται στον εγκέφαλο του καθενός μας. Τα πράγματα τα οποία βλέπουμε και ακούμε καταχωρούνται. Τα πράγματα τα οποία μαθαίνουμε στο σπίτι και στο σχολείο καταγράφονται. Πράγματα τα οποία μαθαίνουμε σε διάφορα περιβάλλοντα και σε διάφορες καταστάσεις καταγράφονται. Κι όμως, η κάθε γνώση που καταγράφεται δεν είναι πάντα αλήθεια, και αν βρίσκεται σε αντίθεση με τον Λόγο του Θεού, πρέπει φυσικά να την αποβάλλουμε. Παραδείγματος χάρη, στο σχολείο μαθαίνουμε ότι κάθε ζωντανό ον έχει είτε διαιρεθεί είτε εξελιχθεί από μονοκύτταρο οργανισμό σε πολυκύτταρο, ενώ στην Βίβλο διδάσκεται ότι κάθε ζωντανό ον δημιουργήθηκε ανάλογα με το είδος του από τον Θεό. Τι πρέπει να κάνουμε; Η πλάνη της θεωρίας της εξελίξεως έχει ήδη αποκαλυφθεί ακόμη και από την ίδια την επιστήμη, επανειλημμένως. Πως είναι δυνατόν, ακόμη και με την λογική του ανθρώπου, ένας πίθηκος να έχει εξελιχθεί σε ανθρώπινο ον, και ένας βάτραχος να έχει εξελιχθεί σε κάποιο είδος πτηνού μέσα σε χρονικό διάστημα εκατοντάδων εκατομμυρίων ετών; Ακόμη και η λογική υποστηρίζει την θεωρία της Δημιουργίας.

Με τον ίδιο τρόπο, όταν η «πίστη της σάρκας» θα μεταμορφωθεί σε «πνευματική πίστη», καθώς θα φύγουν οι αμφιβολίες σας, θα σταθείτε στον βράχο της πίστης. Επιπλέον, αν ομολογήσετε την πίστη σας στον Θεό, θα πρέπει τώρα να εφαρμόσετε τον Λόγο που είχατε αποθηκεύσει ως γνώση. Αν ισχυρίζεστε ότι πιστεύετε στον Θεό, πρέπει να φανερώσετε τον εαυτό σας σαν φως, διατηρώντας αγία την ημέρα του Κυρίου, αγαπώντας τον γείτονά σας, και υπακούοντας τον Λόγο της αληθείας.

Αν είχε μείνει στο σπίτι του ο παραλυτικός που είδαμε στο Κατά Μάρκον κεφ. 2, δεν θα είχε γιατρευτεί. Κι όμως, πίστευε ότι μόλις παρουσιασθεί ενώπιον του Ιησού θα γιατρευόταν, κι εκδήλωσε την πίστη του εφαρμόζοντας και χρησιμοποιώντας κάθε μέσο στην διάθεσή του, και έτσι έλαβε γιατρειά. Ακόμη και ένα άτομο που επιθυμεί να κτίσει ένα σπίτι, αν μόνο προσεύχεται λέγοντας, «Κύριε, πιστεύω ότι το σπίτι θα κτισθεί», ούτε εκατό ούτε χίλιες προσευχές δεν θα φέρουν ως αποτέλεσμα το κτίσιμο του σπιτιού από μόνου του. Αυτό το άτομο χρειάζεται να αναλάβει το μερίδιο της εργασίας για το οποίο είναι υπεύθυνο, να προετοιμάσει το θεμέλιο, να σκάψει το έδαφος, να τοποθετήσει τις κολόνες, και όλα τα υπόλοιπα, δηλαδή, απαιτείται «πράξη».

Αν εσείς ή μέλος της οικογένειάς σας υποφέρει από αρρώστια, πιστέψτε ότι ο Θεός θα δώσει συγχώρηση και θα εκδηλώσει το έργο της θεραπείας όταν δει τα μέλη της οικογένειάς σας ενωμένα με αγάπη, την οποία θα θεωρήσει θεμέλιο της πίστης. Μερικοί λένε ότι επειδή υπάρχει η κατάλληλη στιγμή για τα πάντα, θα υπάρξει και η κατάλληλη στιγμή για θεραπεία. Όμως, να θυμόσαστε ότι η «κατάλληλη στιγμή» είναι όταν ο άνθρωπος ιδρύσει το θεμέλιο της πίστης ενώπιον του Θεού.

Προσεύχομαι στο όνομα του Κυρίου μας να λάβετε απαντήσεις για την ασθένειά σας, καθώς και για κάθε τι άλλο που ζητάτε, και να δοξάζετε τον Θεό!

Κεφάλαιο 5

Η Δύναμη Της Θεραπείας Αναπηριών

Και αφού προσκάλεσε
τους δώδεκα μαθητές του,
τους έδωσε εξουσία ενάντια σε ακάθαρτα πνεύματα,
ώστε να τα βγάζουν, και να θεραπεύουν κάθε νόσο
και κάθε ασθένεια.

Κατά Ματθαίον 10:1

1. Η Δύναμη Του Θεραπεύειν Ασθένειες και Αναπηρίες

Υπάρχουν πολλοί τρόποι για να αποδειχθεί ο ζωντανός Θεός στους άπιστους, και η θεραπεία των νόσων είναι ένας απ' αυτούς τους τρόπους. Όταν υπάρχουν άνθρωποι που υποφέρουν από ανίατες και καταληκτικές ασθένειες, έναντι των οποίων η ιατρική επιστήμη είναι μάταια, κι όμως λαμβάνουν γιατρειά, δεν μπορούν πλέον να αρνηθούν την δύναμη του Θεού του Πλάστη, αλλά αρχίζουν να πιστεύουν στην δύναμή Του και τον δοξάζουν.

Παρά τα πλούτη, την εξουσία, την φήμη, και τις γνώσεις τους, πολλοί άνθρωποι στην σημερινή εποχή είναι ανίκανοι να λύσουν το πρόβλημα της αρρώστιας και ζουν με την αγωνία που τους φέρνει. Αν και τεράστιος αριθμός ασθενειών δεν γιατρεύεται, ακόμη και με τις μεγαλύτερες εξελίξεις της ιατρικής επιστήμης, όταν οι άνθρωποι πιστεύουν στον παντοδύναμο Θεό, βασίζονται επάνω Του, και αφήνουν το πρόβλημα της ασθένειας σε Αυτόν, όλες οι ανίατες και καταληκτικές ασθένειες θεραπεύονται. Ο Θεός μας είναι ο παντοδύναμος Θεός, για τον οποίον τίποτε δεν είναι αδύνατον, και ο οποίος δημιουργεί το κάτι από το τίποτε, παράγει άνθη από ξερή ράβδο (Αριθμοί 17:8), και ανασταίνει τους νεκρούς (Κατά Ιωάννην 11:17-44).

Η δύναμη του Θεού μας μπορεί πράγματι να θεραπεύσει κάθε ασθένεια και αρρώστια. Στο Κατά Ματθαίον χωρίο 4:23, αναφέρεται *«Και ο Ιησούς περιερχόταν ολόκληρη τη Γαλιλαία, διδάσκοντας στις συναγωγές τους, και κηρύττοντας το ευαγγέλιο της βασιλείας, και θεραπεύοντας κάθε αρρώστια και κάθε ασθένεια ανάμεσα στον λαό»*, και στο Κατά Ματθαίον χωρίο 8:17, διαβάζουμε ότι, *«για να εκπληρωθεί αυτό που ειπώθηκε από τον προφήτη Ησαΐα, λέγοντας: "Αυτός πήρε τις ασθένειές μας, και βάσταξε τις αρρώστιες μας."»* Σ' αυτά τα χωρία διαβάζουμε για «ασθένειες», «αρρώστιες» και «αναπηρίες».

Εδώ, η λέξη «αναπηρίες» δεν αναφέρεται σε σχετικά ελαφριές αρρώστιες, όπως είναι το κρυολόγημα ή η αδυναμία από κόπωση. Σημαίνει μια ανώμαλη κατάσταση κατά την οποία οι λειτουργίες του σώματος, και μέρη ή όργανα του σώματος, έχουν παραλύσει ή έχουν εκφυλισθεί λόγω ατυχήματος ή λάθους των γονέων ή του ασθενή του ίδιου. Παραδείγματος χάριν, όσοι είναι βουβοί, κουφοί, τυφλοί, παράλυτοι, όσοι υποφέρουν από παιδική παράλυση (γνωστή και ως πολιομυελίτιδα), και άλλες τέτοιες καταστάσεις – οι οποίες δεν μπορούν να γιατρευτούν δια μέσου των ανθρώπινων γνώσεων – ταξινομούνται ως «αναπηρίες». Εκτός από τις καταστάσεις που προέρχονται από ατύχημα ή από λάθος των γονέων ή του ίδιου του ασθενή, όπως με την περίπτωση του άντρα που γεννήθηκε τυφλός στο Κατά Ιωάννην εδάφιο 9:1-3, υπάρχουν και άνθρωποι οι οποίοι υποφέρουν από αναπηρίες με σκοπό να μπορεί εκδηλωθεί η δόξα του Θεού. Ωστόσο, αυτές οι περιπτώσεις είναι σπάνιες, μια και οι περισσότερες αναπηρίες προκαλούνται από άγνοια και από λάθη των ανθρώπων.

Όταν οι άνθρωποι μεταμελούν και δέχονται τον Ιησού Χριστό καθώς προσπαθούν να πιστέψουν στον Θεό, Αυτός τους χαρίζει το Άγιο Πνεύμα. Μαζί με το Άγιο Πνεύμα λαμβάνουν και το δικαίωμα να γίνουν τέκνα του Θεού. Όταν το Άγιο Πνεύμα βρίσκεται μαζί τους, εκτός από πολύ βαριές και σοβαρές περιπτώσεις, οι περισσότερες ασθένειες θεραπεύονται. Το γεγονός και μόνο ότι έλαβαν το Άγιο Πνεύμα επιτρέπει στην φλόγα του Αγίου Πνεύματος να κατεβεί σε αυτούς και να κάψει τις πληγές τους. Άλλωστε, όταν κάποιος υποφέρει από σοβαρή ασθένεια και προσεύχεται θερμά με πίστη, καταστρέφοντας το τείχος της αμαρτίας που υπάρχει μεταξύ του εαυτού του και του Θεού, και όταν απομακρύνεται από τις αμαρτωλές του συνήθειες και μεταμελεί, θα λάβει θεραπεία ανάλογα με την πίστη του.

Η φράση «η φλόγα του Αγίου Πνεύματος» αναφέρεται στο βάπτισμα του πυρός που λαμβάνει μέρος όταν δεχόμαστε το Άγιο Πνεύμα, και στα μάτια του Θεού είναι η δύναμή Του. Όταν άνοιξαν οι πνευματικοί οφθαλμοί του Ιωάννη του Βαπτιστή και είδε, περιέγραψε την φλόγα του Αγίου Πνεύματος ως «το βάπτισμα του πυρός». Στο Κατά Ματθαίον εδάφιο 3:11, ο Ιωάννης ο Βαπτιστής είπε, *«Εγώ μεν σας βαπτίζω με νερό προς μετάνοια· εκείνος, όμως, που έρχεται πίσω από μένα είναι ισχυρότερος από μένα, του οποίου δεν είμαι άξιος να κρατήσω τα υποδήματα· αυτός θα σας βαπτίσει με Άγιο Πνεύμα και φωτιά.»* Το βάπτισμα με φωτιά δεν συμβαίνει στην τύχη, αλλά μονάχα όταν γεμίσουμε με το Άγιο Πνεύμα. Καθώς η φωτιά του Αγίου Πνεύματος κατεβαίνει πάντα σε αυτόν που έχει γεμίσει με το Άγιο Πνεύμα, όλες οι αμαρτίες του και οι ασθένειές του θα καούν και θα ζήσει υγιή ζωή.

Όταν το βάπτισμα του πυρός καίει το ανάθεμα μιας ασθένειας, οι περισσότερες ασθένειες θεραπεύονται. Οι αναπηρίες, όμως, δεν μπορούν να καούν ούτε και με το βάπτισμα του πυρός. Πώς, τότε, μπορούν να γιατρευτούν οι αναπηρίες;

Όλες οι αναπηρίες γιατρεύονται μονάχα δια της δύναμης που δίνει ο Θεός. Γι αυτό στο Κατά Ιωάννην χωρίο 9:32-33 αναφέρεται *«Από τον αιώνα δεν έχει ακουστεί, ότι κάποιος έχει ανοίξει τα μάτια ενός που γεννήθηκε τυφλός. Αν αυτός δεν ήταν από τον Θεό, δεν θα μπορούσε να κάνει τίποτε.»*

Στις Πράξεις Των Αποστόλων, χωρίο 3:1-10, υπάρχει μια σκηνή όπου ο Πέτρος και ο Ιωάννης, οι οποίοι είχαν λάβει κι οι δυο την δύναμη του Θεού, βοήθησαν να σταθεί όρθιος ένας άνδρας παράλυτος εκ γενετής, ο οποίος ζητιάνευε στην πύλη του ναού που λέγεται «Ωραία Πύλη». Όταν ο Πέτρος τού είπε στον στίχο 6, *«Ασήμι και χρυσάφι εγώ δεν έχω· αλλά, ό,τι έχω, αυτό σου δίνω: Στο όνομα του Ιησού Χριστού του Ναζωραίου, σήκω επάνω και περπάτα.»* και βάστηξε τον ανάπηρο από το δεξί του μπράτσο, αμέσως τα πόδια και οι αστράγαλοι του άντρα δυνάμωσαν και αυτός άρχισε να δοξάζει τον Θεό. Όταν είδε ο κόσμος τον άνδρα που προηγουμένως ήταν παράλυτος να περπατάει και να δοξάζει τον Θεό, γέμισαν με θαυμασμό και κατάπληξη. Αν επιθυμούμε να λάβουμε θεραπεία, πρέπει να κατέχουμε πίστη στον Ιησού Χριστό. Παρόλο που ο παράλυτος άνδρας ήταν ένας απλός ζητιάνος, επειδή είχε πίστη στον Ιησού Χριστό, μπόρεσε να γιατρευτεί όταν προσευχήθηκαν γι' αυτόν εκείνοι που είχαν λάβει την δύναμη του Θεού. Γι αυτό, μας λέει η Αγία Γραφή, *«Και διαμέσου της πίστης στο όνομά του, αυτόν που βλέπετε και γνωρίζετε, το δικό του όνομα στερέωσε· και η πίστη, που ενεργείται διαμέσου αυτού, έδωσε σ' αυτόν τούτη την τέλεια υγεία μπροστά σε όλους εσάς»* (Πράξεις των Αποστόλων 3:16).

Στο Κατά Ματθαίον χωρίο 10:1, μαθαίνουμε ότι ο Ιησούς έδωσε στους μαθητές Του εξουσία ενάντια στα ακάθαρτα πνεύματα, για να τα εκβάλλουν, και για να θεραπεύουν κάθε λογής αρρώστιες και κάθε λογής ασθένειες. Την εποχή της Παλαιάς Διαθήκης, ο Θεός έδωσε στους αγαπημένους προφήτες Του, συμπεριλαμβανομένων των Μωυσή, Ηλία, και Ελεισά, την δύναμη να θεραπεύουν αναπηρίες. Την εποχή της Καινής Διαθήκης, η δύναμη του Θεού βρισκόταν με τους αποστόλους Πέτρο και Παύλο και με τους πιστούς Του εργάτες, τον Στέφανο και τον Φίλιππο.

Όταν κάποιος λάβει την δύναμη του Θεού τίποτε δεν είναι αδύνατο, διότι το άτομο που την κατέχει μπορεί να βοηθήσει έναν ανάπηρο, να γιατρέψει όσους υποφέρουν από παιδική παράλυση και να τους επιτρέψει να περπατήσουν, να κάνει τους τυφλούς να δουν, να ανοίξει τα αυτιά των κουφών, και να χαλαρώσει τις γλώσσες των κωφαλάλων.

2. Διάφοροι Τρόποι Θεραπείας για Αναπηρίες

1) Η Δύναμη Του Θεού Θεράπευσε Έναν Κωφάλαλο

Στο Κατά Μάρκον χωρίο 7:31-37 υπάρχει μια σκηνή όπου η δύναμη του Θεού θεραπεύει έναν κωφάλαλο. Όταν τον έφεραν στον Ιησού και Τον ικέτευσαν να βάλει το χέρι Του επάνω στον άνθρωπο αυτό, ο Ιησούς πήρε παράμερα τον κωφάλαλο και έβαλε τα δάκτυλά Του μέσα στα αυτιά του. Κατόπιν, έφτυσε και άγγιξε την γλώσσα του. Κοίταξε επάνω προς τον ουρανό και με βαρύ αναστεναγμό τού είπε, «*Εφφαθα!*» *(το οποίο σημαίνει «Θεραπεύσου!»)* (στ. 34). Τα αυτιά του κωφάλαλου άνοιξαν αμέσως, και λύθηκε η γλώσσα του και άρχισε να μιλά ορθά.

Ο Θεός, ο οποίος έχει πλάσει τα πάντα στην οικουμένη με τον Λόγο Του, δεν θα μπορούσε να γιατρέψει αυτόν τον άνθρωπο μόνο με τον Λόγο Του; Γιατί έβαλε ο Ιησούς τα δάκτυλα Του μέσα στα αυτιά του; Εφόσον ένας κουφός δεν ακούει ήχους και επικοινωνεί μονάχα με νοηματική γλώσσα, αυτός ο κωφάλαλος δεν θα είχε την ικανότητα να έχει πίστη όπως οι άλλοι, ακόμη και αν του μιλούσε ο Ιησούς. Ο Ιησούς γνώριζε ότι ο άνθρωπος αυτός είχε έλλειψη πίστης, κι έτσι έβαλε τα δάκτυλα Του μέσα στα αυτιά του, ώστε με το άγγιγμα ο κωφάλαλος ίσως να αποκτούσε την πίστη με την οποία θα μπορούσε γιατρευτεί. Το πιο σημαντικό στοιχείο είναι η πίστη δια της οποίας πιστεύουμε ότι είναι δυνατόν να γιατρευτούμε. Ο Ιησούς μπορούσε να θεραπεύσει τον κωφάλαλο με τον Λόγο

Του, αλλά επειδή ο άνθρωπος ήταν ανίκανος ν' ακούσει, ο Ιησούς τού εμφύτευσε πίστη και του επέτρεψε να λάβει θεραπεία εφαρμόζοντας αυτήν την μέθοδο.

Τότε, γιατί έφτυσε ο Ιησούς και μετά άγγιξε την γλώσσα του κωφάλαλου; Το γεγονός ότι ο Ιησούς έφτυσε μας λέει ότι κάποιο ακάθαρτο πνεύμα είχε προξενήσει στον άνθρωπο την αναπηρία αυτή. Αν κάποιος σας έφτυνε στο πρόσωπο δίχως συγκεκριμένη αιτία, πως θα το δεχόσασταν αυτό; Είναι πράξη ρυπαρή και συμπεριφορά ανήθικη που περιφρονεί το άλλο άτομο. Εφόσον, γενικά, το φτύσιμο συμβολίζει ασέβεια και εξευτελισμό για κάποιον, ο Ιησούς έφτυσε για να διώξει τα ακάθαρτα πνεύματα.

Στη Γένεση, παρατηρούμε ότι ο Θεός καταράστηκε τον όφι να τρώει χώμα όλες τις μέρες της ζωής του. Αυτό, μ' άλλα λόγια, αναφέρεται στην κατάρα του Θεού προς τον εχθρό τον διάβολο και τον Σατανά, οι οποίοι υποκίνησαν τον όφι, για να εκμεταλλευτούν τον άνθρωπο που είχε δημιουργηθεί από το χώμα. Επομένως, από τον καιρό του Αδάμ ο εχθρός ο διάβολος αγωνίζεται να εκμεταλλευτεί την ανθρωπότητα και ψάχνει για κάθε ευκαιρία να βασανίσει και να καταβροχθίσει τον άνθρωπο. Όπως οι μύγες, τα κουνούπια και τα σκουλήκια που κατοικούν σε βρώμικα περιβάλλοντα, έτσι και ο εχθρός ο διάβολος κατοικεί σε ανθρώπους των οποίων η καρδιά είναι γεμάτη με αμαρτία, κακία, και οξυθυμία, και παίρνει τα μυαλά τους όμηρο. Πρέπει να καταλάβουμε ότι μονάχα εκείνοι που ζουν και πράττουν σύμφωνα με τον Λόγο του Θεού μπορούν να θεραπευθούν από τις ασθένειές τους.

2) Η Δύναμη του Θεού Θεράπευσε Έναν Τυφλό

Στο Κατά Μάρκον εδάφιο 8:22-25, βρίσκουμε τα ακόλουθα:

> *Και έρχεται στη Βηθσαϊδάν· και του φέρνουν έναν τυφλό, και τον παρακαλούν να τον αγγίξει. Και πιάνοντας το χέρι του τυφλού, τον έφερε έξω από την κωμόπολη· και αφού έφτυσε στα μάτια του, έβαλε επάνω του τα χέρια, και τον ρωτούσε αν βλέπει κάτι. Και κοιτάζοντας προς τα πάνω, έλεγε: Βλέπω τους ανθρώπους, ότι σαν δέντρα βλέπω, να περπατούν. Έπειτα, έβαλε πάλι τα χέρια επάνω στα μάτια του, και τον έκανε να ξαναδεί· και η όρασή του αποκαταστάθηκε, και είδε καθαρά όλους.*

Όταν ο Ιησούς προσευχήθηκε για αυτόν τον τυφλό, έφτυσε στα μάτια του. Γιατί, όμως, δεν είδε ο τυφλός με την πρώτη φορά που προσευχήθηκε ο Ιησούς γι' αυτόν, αλλά με την δεύτερη προσευχή του Ιησού; Με την δύναμη Του, ο Ιησούς μπορούσε να τον θεραπεύσει εντελώς, αλλά επειδή η πίστη του τυφλού ήταν μικρή, ο Ιησούς προσευχήθηκε δεύτερη φορά και τον βοήθησε ν' αποκτήσει πίστη. Μέσα απ' αυτό το περιστατικό, ο Ιησούς μάς διδάσκει ότι όταν κάποιοι άνθρωποι δεν μπορούν να λάβουν θεραπεία με την πρώτη προσευχή, τότε πρέπει να προσευχόμαστε γι αυτούς δυο,τρεις, ακόμη και τέσσερις φορές, μέχρι να φυτευτεί ο σπόρος της πίστης, δια μέσου της οποίας θα πιστέψουν ότι μπορούν να γιατρευτούν.

Ο Ιησούς, για τον οποίον τίποτε δεν ήταν αδύνατο, προσευχήθηκε και ξαναπροσευχήθηκε, επειδή ήξερε ότι ο τυφλός δεν επρόκειτο να θεραπευθεί με την πίστη του. Τι πρέπει να κάνουμε εμείς; Πρέπει να εκλιπαρούμε και να προσευχόμεθα πιο πολύ, και να αντέξουμε μέχρι να λάβουμε θεραπεία.

Στο Κατά Ιωάννην εδάφιο 9:6-9 υπάρχει ένας εκ γενετής τυφλός, ο οποίος θεραπεύθηκε όταν ο Ιησούς έφτυσε στο χώμα, έκανε λάσπη με το σάλιο Του, και έβαλε τη λάσπη επάνω στα μάτια του τυφλού. Γιατί τον θεράπευσε ο Ιησούς με το φτύσιμο στο χώμα, δημιουργώντας λάσπη με το σάλιο Του, και γιατί την έβαλε στα μάτια του; Το σάλιο εδώ δεν αναφέρεται σε κάτι το ακάθαρτο. Ο Ιησούς έφτυσε στο χώμα ώστε να φτιάξει λάσπη και να την βάλει επάνω στα μάτια του τυφλού. Ο Ιησούς έφτιαξε την λάσπη χρησιμοποιώντας το σάλιο Του και γιατί εκείνα τα χρόνια το νερό ήταν σπάνιο. Σε περίπτωση εξανθήματος, ή πρηξίματος ή αν τα παιδιά τα τσιμπήσει κάποιο έντομο, οι γονείς συχνά βάζουν επάνω το δικό τους σάλιο με τρόπο στοργικό. Πρέπει να καταλαβαίνουμε την αγάπη του Κυρίου μας, ο οποίος χρησιμοποιούσε ποικίλα μέσα για να βοηθήσει τους αδύναμους ν' αποκτήσουν πίστη.

Καθώς ο Ιησούς τοποθέτησε λίγη λάσπη στα μάτια τού τυφλού, ο άνδρας ένιωσε την αίσθηση της λάσπης στα μάτια του και απέκτησε πίστη, μέσω της οποίας μπόρεσε να γιατρευτεί. Αφού ο Ιησούς έδωσε πίστη στον τυφλό, του οποίου η πίστη ήταν ελάχιστη, με την δύναμη Του άνοιξε τα μάτια αυτού του ανθρώπου.

Ο Ιησούς μάς λέει ότι, *«Αν δεν δείτε σημεία και τέρατα, δεν θα πιστέψετε»* (Κατά Ιωαννην 4:48). Σήμερα, είναι αδύνατον να βοηθήσουμε τον κόσμο να κατέχει το είδος της πίστης που αρκεί για να πιστεύουμε μονάχα με τον Λόγο της Βίβλου, χωρίς να είμαστε μάρτυρες σε θαύματα θεραπείας και σημεία. Σ' αυτή την εποχή, όπου η επιστήμη κι οι γνώσεις του ανθρώπου έχουν εξελιχθεί τρομερά, είναι υπερβολικά δύσκολο να κατέχουμε πνευματική πίστη και να πιστεύουμε σε ένα Θεό που είναι αόρατος. «Όταν το δω, θα το πιστέψω», ακούμε συχνά. Παρομοίως, επειδή η πίστη των ανθρώπων θα αναπτυχθεί και το έργο της θεραπείας θα γίνει πιο γρήγορα όταν βλέπουν απτά στοιχεία του ζωντανού Θεού, «τα θαυματουργά σημεία και τέρατα» είναι απολύτως απαραίτητα.

3) Η Δύναμη του Θεού Θεράπευσε Ανάπηρο

Όπως ο Ιησούς είχε κηρύξει το Ευαγγέλιο και είχε θεραπεύσει ανθρώπους που υπέφεραν από όλων των ειδών τις αρρώστιες και από κάθε είδους νόσο, έτσι και οι απόστολοί Του εκδήλωναν την δύναμη του Θεού.

Όταν ο Πέτρος διέταξε έναν ανάπηρο ζητιάνο, *«Εις το όνομα του Ιησού Χριστού του Ναζωραίου, περπάτα»* (στ. 6) και τον βάστηξε από το δεξί του χέρι, αμέσως τα πόδια και οι αστράγαλοι του ανάπηρου δυνάμωσαν, πήδηξε επάνω και άρχισε να περπατάει (Πράξεις Των Αποστόλων 3:6-10). Καθώς το πλήθος είδε τις θαυματουργές ενδείξεις και τα σημεία τα οποία εκδήλωνε ο Πέτρος όταν έλαβε την δύναμη του Θεού, όλο και πιο πολύς κόσμος πίστεψε στον Κύριο. Έφερναν τους ασθενείς στον δρόμο και τους ξάπλωναν πάνω σε κρεβάτια και σε στρώματα, μήπως και πέσει πάνω τους η σκιά του Πέτρου καθώς περνούσε. Πλήθη μαζεύονταν και από πόλεις γύρω από την Ιερουσαλήμ, φέρνοντας τους ασθενείς τους και αυτούς που τους ταλαιπωρούσαν ακάθαρτα πνεύματα, και θεραπεύονταν όλοι (Πράξεις Των Αποστόλων 5:14-16).

Στις Πράξεις Των Αποστόλων, εδάφιο 8:5-8, αναφέρεται ότι, *«Ο δε Φίλιππος, αφού κατέβηκε στην πόλη της Σαμάρειας, τους κήρυττε τον Χριστό. Και τα πλήθη ως μια ψυχή πρόσεχαν τα λεγόμενα από τον Φίλιππο, ακούγοντας και βλέποντας τα θαύματα που έκανε. Επειδή, από πολλούς, που είχαν ακάθαρτα πνεύματα, αυτά έβγαιναν φωνάζοντας με δυνατή φωνή· και πολλοί παραλυτικοί και χωλοί θεραπεύθηκαν. Και έγινε μεγάλη χαρά σ' εκείνη την πόλη.»*

Στις Πράξεις Των Αποστόλων, εδάφιο 14:8-12, διαβάζουμε για έναν άντρα με αναπηρία στα πόδια, ο οποίος ήταν χωλός εκ γενετής και δεν είχε περπατήσει ποτέ. Ακούγοντας το κήρυγμα του Παύλου, απέκτησε πίστη που τον έκανε ικανό να λάβει σωτηρία, κι όταν ο απόστολος Παύλος διέταξε, *«Σήκω στα πόδια σου!»* (στ. 10), αυτός πήδηξε επάνω αμέσως κι άρχισε να περπατάει. Όσοι ήταν μάρτυρες σε αυτό το συμβάν ισχυρίσθηκαν ότι, *«Οι θεοί έχουν κατεβεί σ' εμάς με ανθρώπινη μορφή!»* (στ. 11).

Στις Πράξεις Των Αποστόλων, εδάφιο 19:11-12, βλέπουμε ότι, *«ο Θεός, διαμέσου του Παύλου, έκανε μεγάλα θαύματα, ώστε και επάνω στους ασθενείς φέρνονταν από το σώμα του μαντήλια ή περιζώματα, και έφευγαν απ' αυτούς οι ασθένειες, και τα πονηρά πνεύματα έβγαιναν απ' αυτούς.»* Πόσο εκπληκτική και θαυμάσια είναι η δύναμη του Θεού.

Δια μέσου ανθρώπων των οποίων οι καρδιές έχουν επιτύχει αγιότητα και τέλεια αγάπη, όπως ήταν ο Πέτρος, ο Παύλος, και οι Διάκονοι Φίλιππος και Στέφανος, η δύναμη του Θεού εκδηλώνεται μέχρι σήμερα. Όταν ο κόσμος παρουσιάζεται ενώπιον του Θεού με πίστη, ελπίζοντας ότι θα γιατρευτούν οι αναπηρίες τους, μπορούν να γιατρευτούν με την προσευχή των υπηρετών του Θεού, δια μέσου των οποίων εργάζεται ο Θεός.

Από τον καιρό της ίδρυσης της εκκλησίας Μάνμιν, ο ζωντανός Θεός μού έχει επιτρέψει να εκδηλώσω ποικίλες θαυματουργές ενδείξεις και σημεία, φύτεψε πίστη στις καρδιές των μελών, και έφερε τρανή αφύπνιση των πιστών.

Κάποτε, υπήρχε μια γυναίκα που ήταν θύμα κακομεταχείρισης από τον αλκοολικό σύζυγό της. Όταν τα οπτικά της νεύρα παρέλυσαν κι οι γιατροί έχασαν κάθε ελπίδα γι' αυτήν, μετά από σοβαρή σωματική κακοποίηση, η γυναίκα ήρθε στην εκκλησία Μάνμιν, όταν άκουσε γι αυτήν. Καθώς συμμετείχε επιμελώς στην εκκλησιαστική λειτουργία και προσευχόταν για την θεραπεία της έντονα, έλαβε την προσευχή μου και μπόρεσε να ξαναδεί. Η δύναμη του Θεού επανόρθωσε εντελώς τα οπτικά της νεύρα, τα οποία τότε θεωρούντο μονίμως χαμένα.

Σε μια άλλη περίσταση, υπήρχε ένας άνδρας ο οποίος είχε τραυματισθεί βαριά και είχαν συντριβεί οκτώ σημεία στην σπονδυλική του στήλη. Επειδή το κάτω μέρος του σώματός του είχε παραλύσει, ετοιμαζόταν να ακρωτηριάσει και τα δυο του πόδια. Μόλις δέχθηκε τον Ιησού Χριστό, γλίτωσε από τον ακρωτηριασμό, αλλά έπρεπε ακόμη να στηρίζεται με πατερίτσες. Αργότερα, άρχισε να έρχεται σε συγκεντρώσεις στο Κέντρο Προσευχής της Μάνμιν και λίγο μετά, κατά την διάρκεια της Ολονύχτιας Λειτουργίας της Παρασκευής, όταν έλαβε την ευλογία μου, ο άνδρας αυτός πέταξε τις πατερίτσες του, περπάτησε με τα δυο του πόδια, και από τότε έχει γίνει αγγελιοφόρος του ευαγγελίου.

Η δύναμη του Θεού μπορεί να θεραπεύσει εντελώς αναπηρίες, τις οποίες η ιατρική επιστήμη δεν μπορεί να γιατρέψει. Στο Κατά Ιωάννην εδάφιο 16:23, ο Ιησούς μάς υπόσχεται *«Και κατά την ημέρα εκείνη δεν θα ζητήσετε από Μένα τίποτε. Σας διαβεβαιώνω απόλυτα ότι, όσα αν ζητήσετε από τον Πατέρα στο όνομά Μου, θα σας τα δώσει.»* Προσεύχομαι στο όνομα του Κυρίου να πιστέψετε στην καταπληκτική δύναμη του Θεού, να την ζητάτε θερμά, να λάβετε απαντήσεις για όλα τα προβλήματα με την ασθένειά σας, και να γίνετε αγγελιοφόρος που κουβαλάει το Ευαγγέλιο του ζωντανού και παντοδύναμου Θεού!

Κεφάλαιο 6

Τρόποι Θεραπείας Για Τους Δαιμονισμένους

Και όταν [ο Ιησούς]
μπήκε μέσα σ' ένα σπίτι,
οι μαθητές Του Τον ρωτούσαν κατ' ιδίαν:
Γιατί εμείς δεν μπορέσαμε να το βγάλουμε;
Και τους είπε: Αυτό το γένος δεν μπορεί
να βγει με κανέναν άλλο τρόπο,
παρά μονάχα με προσευχή και νηστεία.

Κατά Μάρκον 9:28-29

1. Στο Τέλος των Ημερών η Αγάπη Ψυχραίνεται

Η προαγωγή του σύγχρονου επιστημονικού πολιτισμού και η ανάπτυξη της βιομηχανίας έχουν αποφέρει υλική ευημερία και έχουν επιτρέψει στον κόσμο να επιδιώκει περισσότερη άνεση και προνόμια. Ταυτόχρονα, από αυτούς τους δυο παράγοντες έχει προκύψει η αποξένωση, ο εγωισμός, η προδοσία, και σύμπλεγμα κατωτερότητας ανάμεσα στον κόσμο, καθώς η αγάπη ελαττώνεται, ενώ με μεγάλη δυσκολία βρίσκουμε κατανόηση και συγχώρεση.

Όπως έχει προβλεφθεί στο Κατά Ματθαίον εδάφιο 24:12, *«Και επειδή η ανομία θα πληθύνει, η αγάπη των πολλών θα ψυχρανθεί,»* σε μια εποχή που η κακία ευδοκιμεί και η αγάπη ψυχραίνεται, ένα από τα σοβαρότερα προβλήματα στην κοινωνία μας σήμερα είναι η αύξηση του αριθμού των ανθρώπων που υποφέρουν από ψυχικές παθήσεις, όπως η νευρική κατάρρευση και η σχιζοφρένια.

Τα ψυχιατρικά ιδρύματα απομονώνουν πολλούς ασθενείς, όταν αυτοί είναι ανίκανοι να ζήσουν κανονική ζωή, αλλά δεν έχουν βρει ακόμη την κατάλληλη θεραπεία. Όταν, μετά από χρόνια θεραπείας, οι οικογένειες δεν βλέπουν καμία πρόοδο, κουράζονται, και σε πολλές περιπτώσεις εγκαταλείπουν τους ασθενείς σαν ορφανά. Αυτοί οι ασθενείς, μένοντας μακριά και δίχως οικογένεια, δεν είναι ικανοί να τα βγάλουν πέρα όπως κάνουν οι υγιείς άνθρωποι. Αν και έχουν ανάγκη την αγάπη των αγαπημένων τους, δεν υπάρχουν πολλοί άνθρωποι που δείχνουν αγάπη σε τέτοια άτομα.

Στην Βίβλο βρίσκουμε πολλά παραδείγματα όπου ο Ιησούς θεράπευσε ανθρώπους δαιμονισμένους. Για ποιο λόγο έχουν καταγράφει στις Γραφές; Καθώς πλησιάζει το τέλος του κόσμου, η αγάπη παγώνει και ο Σατανάς βασανίζει τον κόσμο, τους προξενεί ψυχικές παθήσεις, και τους υιοθετεί σαν τέκνα του διαβόλου. Ο Σατανάς τυραννάει, αρρωσταίνει, μπερδεύει, και μολύνει το μυαλό τους με αμαρτία και κακεντρέχεια. Επειδή η κοινωνία έχει πλημμυρίσει με αμαρτία και κακία, οι άνθρωποι εύκολα φθονούν, καυγαδίζουν, μισούν και δολοφονούν ο ένας τον άλλο. Ενώ πλησιάζει το τέλος του κόσμου, οι Χριστιανοί πρέπει να διακρίνουν μεταξύ αλήθειας και αναλήθειας, να φρουρούν την πίστη τους, και να ζουν υγιείς βίους σωματικά και ψυχικά.

Ας εξετάσουμε τα αιτία πίσω από την υποκίνηση και τα βασανιστήρια του Σατανά, καθώς και τον αυξημένο αριθμό ανθρώπων που έχει κυριέψει ο Σατανάς και οι δαίμονες, και που υποφέρουν από ψυχικές παθήσεις στην σύγχρονη κοινωνία μας, στην οποία ο επιστημονικός πολιτισμός είναι πολύ προχωρημένος.

2. Η Πορεία με την Οποία οι άνθρωποι Καταλαμβάνονται από τον Σατανά

Όλοι έχουμε συνείδηση και οι περισσότεροι άνθρωποι

συμπεριφέρονται και ζουν ανάλογα με την συνείδησή τους, αλλά το επίπεδο συνείδησης και τα επακόλουθα αποτελέσματα διαφέρουν από άτομο σε άτομο. Η αιτία είναι ότι ο καθένας μας έχει γεννηθεί και έχει ανατραφεί σε διαφορετικό περιβάλλον και καταστάσεις, έχει δει, έχει ακούσει, και έχει μάθει διαφορετικά πράγματα από τους γονείς του, από το σπίτι, και από το σχολείο, και έχει καταχωρήσει διαφορετικές πληροφορίες.

Από τη μια, ο Λόγος του Θεού, που είναι η αλήθεια, μάς λέει, *«Μη νικάσαι από το κακό, αλλά νίκα το κακό διαμέσου του αγαθού»* (Προς Ρωμαίους 12:21), και μας συνιστά, *«Εγώ, όμως, σας λέω, μη αντισταθείτε στον πονηρό· αλλά, όποιος σε ραπίσει στο δεξί σου μάγουλο, στρέψε σ' αυτόν και το άλλο»* (Κατά Ματθαίον 5:39). Εφόσον ο Λόγος διδάσκει αγάπη και συγχώρηση, ένα άλλο μέτρο κρίσεως, το «κερδίζεις χάνοντας», αναπτύσσεται σε αυτούς που τον πιστεύουν. Από την άλλη, αν εχει μάθει κάποιος ότι όταν τον χτυπούν πρέπει να ανταποδίδει, θα φθάσει σε κρίση που θα του υπαγορεύει ότι η αντίσταση είναι γενναία πράξη, ενώ η αποφυγή χωρίς αντίσταση είναι άνανδρη. Τρεις παράγοντες – του καθενός το επίπεδο κρίσεως, η δίκαια ή η άδικη ζωή που έχει ζήσει ο καθένας, και το σημείο μέχρι το οποίο έχει συμβιβασθεί με τον κόσμο – θα σχηματίσουν διαφορετική συνείδηση σε διαφορετικούς ανθρώπους.

Επειδή οι άνθρωποι έχουν ζήσει με διαφορετικούς τρόπους, έτσι κι οι συνειδήσεις τους διαφέρουν. Ο Σατανάς, ο εχθρός του Θεού, το χρησιμοποιεί αυτό για να δελεάζει τους ανθρώπους να ζουν σύμφωνα με την αμαρτωλή φύση, σε αντίθεση με την δικαιοσύνη και την καλοσύνη, αναμοχλεύοντας πονηρές σκέψεις και υποκινώντας τον κόσμο να αμαρτάνει.

Στις καρδιές των ανθρώπων υπάρχει σύγκρουση μεταξύ της επιθυμίας του Αγίου Πνεύματος, δια της οποίας θα ζουν με τον νόμο του Θεού, και της επιθυμίας της αμαρτωλής φύσης, δια της οποίας οι άνθρωποι αναγκάζονται να επιδιώκουν σαρκικές επιθυμίες. Για αυτό μας προειδοποιεί ο Θεός στην Προς Γαλάτας, εδάφιο 5:16-17, «*Λέω, λοιπόν: Περπατάτε σύμφωνα με το Πνεύμα, και δεν θα εκπληρώνετε την επιθυμία της σάρκας. Επειδή, η σάρκα επιθυμεί ενάντια στο Πνεύμα, και το Πνεύμα ενάντια στη σάρκα· αυτά, μάλιστα, αντιμάχονται το ένα προς το άλλο, ώστε εκείνα που θέλετε, να μη τα πράττετε.*»

Αν ζούμε σύμφωνα με τις επιθυμίες του Αγίου Πνεύματος, θα κληρονομήσουμε το βασίλειο του Θεού. Αν ακολουθούμε τις επιθυμίες της σαρκικής φύσης και δεν ζούμε σύμφωνα με τον Λόγο του Θεού, δεν θα κληρονομήσουμε το βασίλειό Του. Για αυτό, ο Θεός μας προειδοποίησε στην Προς Γαλάτας, εδάφιο 5:19-21:

> *Είναι δε φανερά τα έργα της σάρκας· τα οποία είναι: Μοιχεία, πορνεία, ακαθαρσία, ασέλγεια, ειδωλολατρεία, φαρμακεία, έχθρες, φιλονικίες, ζηλοτυπίες, θυμοί, διαπληκτισμοί, διχοστασίες, αιρέσεις, φθόνοι, φόνοι, μέθες, γλεντοκόπια, και τα*

παρόμοια μ' αυτά· για τα οποία σας λέω από πριν, όπως και σας είχα προείπει, ότι αυτοί που τα πράττουν αυτά βασιλεία Θεού δεν θα κληρονομήσουν.

Πως, τότε, κυριεύονται οι άνθρωποι από δαίμονες;

Δια μέσου των σκέψεων, ο Σατανάς ανακινεί τις επιθυμίες της αμαρτωλής φύσεως σε άτομα των οποίων η καρδιά είναι γεμάτη με την αμαρτωλή φύση. Αν δεν είναι ικανά να ελέγξουν το μυαλό τους και κάνουν πράξεις αμαρτωλής φύσεως, μια αίσθηση ενοχής κυριεύει την καρδιά τους και γίνονται πιο κακοήθεις. Όταν τέτοιες πράξεις της αμαρτωλής φύσεως αθροίζονται, στο τέλος οι άνθρωποι αυτοί γίνονται ανίκανοι να διευθύνουν τον εαυτό τους και αντιθέτως κάνουν ό,τι τους υποκινεί ο Σατανάς. Τέτοια άτομα λέγονται «δαιμονισμένα» από τον Σατανά.

Παραδείγματος χάριν, ας υποθέσουμε ότι υπάρχει ένας τεμπέλης του οποίου δεν του αρέσει να εργάζεται, αλλά προτιμάει να πίνει και να σπαταλάει τον χρόνο του. Ο Σατανάς θα υποκινήσει και θα ελέγξει το μυαλό αυτού του ατόμου, έτσι ώστε να συνεχίσει το ποτό και την σπατάλη του χρόνου του, νιώθοντας ότι η εργασία είναι δυσβάσταχτη. Ο Σατανάς θα τον απομακρύνει και από την αγαθοσύνη η οποία είναι η αλήθεια, και θα του κλέψει την ενέργεια με την οποία θα βελτίωνε την ζωή του, μετατρέποντάς τον σε ανίκανο και άχρηστο άνθρωπο.

Καθώς θα ζει και θα συμπεριφέρεται ανάλογα με τις σκέψεις του Σατανά, ο άνθρωπος αυτός θα είναι ανίκανος να ξεφύγει από τον Σατανά. Επιπλέον, καθώς η καρδιά του θα γίνεται όλο και πιο ακάθαρτη και θα έχει ήδη παραδοθεί σε πονηρές σκέψεις, αντί να συγκρατεί την καρδιά του, θα πράττει ό,τι τον ευχαριστεί. Όταν θα θέλει να οργιστεί, θα οργίζεται μέχρι να νιώσει ικανοποίηση. Αν θέλει να παλέψει ή να καυγαδίσει, θα παλεύει και θα καυγαδίζει όσο θέλει, κι αν θέλει να πιει, θα είναι ανίκανος να αντισταθεί στο ποτό. Όταν όλα αυτά συσσωρευτούν, από ένα σημείο και μετά δεν θα μπορεί να ελέγχει τις σκέψεις του και την καρδιά του, και θα βρίσκει ότι τα πάντα είναι εναντίον της δικής του βούλησης. Ακολουθώντας αυτήν την πορεία γίνεται κατοχή των δαιμόνων.

3. Η Αιτία του Δαιμονισμού

Υπάρχουν δυο κύριες αιτίες για να υποκινηθεί κάποιος από τον Σατανά και αργότερα να γίνει δαιμονισμένος.

1) Οι Γονείς

Αν οι γονείς είχαν εγκαταλείψει τον Θεό και λάτρευαν είδωλα, τα οποία απεχθάνεται ο Θεός και τα θεωρεί βδελυρά, ή αν έκαναν κάποια ιδιαίτερα άνομη πράξη, τότε οι δυνάμεις των πονηρών πνευμάτων θα διεισδύσουν στα παιδιά τους, και αν δεν ελέγχονται, θα τα κυριεύσουν οι δαίμονες. Σε τέτοια περίπτωση, οι γονείς πρέπει να παρουσιασθούν ενώπιον του Θεού, να μετανοήσουν απολύτως για τις αμαρτίες τους, να στραφούν μακριά από τις αμαρτωλές τους συνήθειες, και να εκλιπαρήσουν τον Θεό εκ μέρους των παιδιών τους. Ο Θεός τότε θα δει το κέντρο της καρδιάς των γονέων και θα εκδηλώσει το έργο της θεραπείας, λύνοντας έτσι τις αλυσίδες της αδικίας.

2) Ο Εαυτός

Ασχέτως των αμαρτιών των γονέων, μπορεί κάποιος να γίνει δαιμονισμένος εξαιτίας των δικών του αναληθειών, συμπεριλαμβανομένης της κακοήθειας, της υπερηφάνειας κ.λ.π.. Εφόσον αυτό το άτομο δεν μπορεί να προσευχηθεί και να μετανοήσει από μόνο του, όταν προσευχηθεί γι' αυτό ένας υπηρέτης του Θεού, ο οποίος εκδηλώνει την δύναμή Του, είναι δυνατόν να λυθούν οι αλυσίδες της αμαρτίας. Όταν οι δαίμονες εκβάλλονται κι επανέρχεται η λογική αυτού του ατόμου, πρέπει τότε να του διδαχθεί ο Λόγος του Θεού, ώστε η καρδιά του, που ήταν κάποτε βυθισμένη στην αμαρτία και στην κακία, να καθαρισθεί και να γίνει καρδιά της αλήθειας.

Άρα, αν ένα μέλος μιας οικογένειας ή κάποιος συγγενής είναι δαιμονισμένος, η οικογένεια πρέπει να διορίσει κάποιον που θα προσευχηθεί εκ μέρους του δαιμονισμένου. Ο λόγος είναι επειδή η καρδιά και ο νους του δαιμονισμένου διευθύνονται από δαίμονες και δεν είναι ικανός να κάνει τίποτε με την δική του βούληση. Δεν έχει την ικανότητα να προσευχηθεί, ούτε να ακούσει τον Λόγο της αλήθειας, κι επομένως, δεν μπορεί να ζει σύμφωνα με την αλήθεια. Έτσι, όλη η οικογένεια, ή τουλάχιστον κάποιος από την οικογένεια, πρέπει να προσευχηθεί γι' αυτόν με αγάπη και ευσπλαχνία για να μπορέσει το δαιμονισμένο μέλος της οικογένειας να ζήσει με πίστη. Όταν δει ο Θεός την αγάπη και την αφοσίωση αυτής της οικογένειας, θα φανερώσει το έργο της θεραπείας. Ο Ιησούς μάς είπε να αγαπάμε τον γείτονά μας όπως αγαπάμε τον εαυτό μας (Κατά Λουκάν 10:27). Αν δεν είμεθα ικανοί να προσευχηθούμε και να αφοσιωθούμε σε μέλος της ίδιας μας της οικογένειας που έχει κυριευθεί από δαίμονες, πώς μπορεί να ειπωθεί ότι αγαπάμε τους γείτονές μας;

Όταν η οικογένεια και οι φίλοι του δαιμονισμένου εξακριβώσουν την αιτία, και μετανοήσουν και προσευχηθούν με πίστη στην δύναμη του Θεού, όταν αφοσιωθούν με αγάπη, κι όταν φυτέψουν τον σπόρο της πίστης, τότε οι δυνάμεις των δαιμόνων θα αποβληθούν και το αγαπημένο τους πρόσωπο θα μεταμορφωθεί σε άνθρωπο της αλήθειας, τον οποίον ο Θεός θα φρουρεί και θα προστατεύει ενάντια στους δαίμονες.

4. Τρόποι Θεραπείας για Δαιμονισμένους

Σε πολλά μέρη της Βίβλου υπάρχουν περιγραφές θεραπείας των δαιμονισμένων. Ας εξετάσουμε τον τρόπο που έλαβαν θεραπεία.

1) Πρέπει να Απωθήσετε τις Δυνάμεις των Δαιμόνων

Στο Κατά Μάρκον εδάφιο 5:1-20, βρίσκουμε έναν άνδρα τον οποίο είχε κυριεύσει ένα ακάθαρτο Πνεύμα. Οι στίχοι 3-4 μιλούν γι αυτόν, λέγοντας: *«αυτός είχε την κατοικία του μέσα στα μνήματα, και κανένας δεν μπορούσε να τον δέσει ούτε με αλυσίδες·επειδή, πολλές φορές είχε δεθεί με ποδόδεσμα και με αλυσίδες, αλλ' αυτός είχε σπάσει τις αλυσίδες, και είχε συντρίψει τα ποδόδεσμα· και κανένας δεν μπορούσε να τον δαμάσει.»* Επίσης, μαθαίνουμε από το Κατά Μάρκον εδάφιο 5:5-7: *«και βρισκόταν πάντοτε, ημέρα και νύχτα, στα βουνά και στα μνήματα, κράζοντας και κατακόβοντας τον εαυτό του με πέτρες. Βλέποντας, όμως, από μακρυά τον Ιησού, έτρεξε, και τον προσκύνησε·και κράζοντας με δυνατή φωνή, είπε: "Τι υπάρχει ανάμεσα σε σένα και σε μένα, Ιησού, Υιέ του Υψίστου Θεού; Σε ορκίζω στον Θεό, μη με βασανίσεις."»*

Αυτή ήταν η απόκρισή του προς την προσταγή του Ιησού *«Εσύ, το ακάθαρτο πνεύμα, βγες από τον άνθρωπο!»* (στ. 8) Αυτό το περιστατικό μας δείχνει ότι ακόμη και αν οι άνθρωποι δεν γνώριζαν ότι ο Ιησούς ήταν ο Υιός Του Θεού, το ακάθαρτο Πνεύμα γνώριζε ακριβώς ποιος ήταν ο Ιησούς και τι είδους δύναμη κατείχε.

Ο Ιησούς τότε ρώτησε, *«Πως σε λένε;»* κι ο δαιμονισμένος άνθρωπος απάντησε, *«Το όνομά μου είναι λεγεώνα, επειδή, είμαστε πολλοί»* (στ. 9). Ικέτευσε τον Ιησού επανειλημμένως να μην τους ξαποστείλει έξω από την περιοχή, και μετά Τον παρακάλεσε να τους στείλει μέσα σε χοίρους. Ο Ιησούς δεν τον ρώτησε το όνομα επειδή δεν το ήξερε, αλλά το ζήτησε σαν δικαστής που ανακρίνει το ακάθαρτο πνεύμα. Άλλωστε, το όνομα «Λεγεώνα» σημαίνει ότι μεγάλος αριθμός δαιμόνων κρατούσαν όμηρο αυτόν τον άνθρωπο.

Ο Ιησούς επέτρεψε στην «Λεγεώνα» να μπει μέσα σε ένα κοπάδι από χοίρους, οι οποίοι έτρεξαν κάτω προς την απότομη όχθη και πνίγηκαν μέσα στην λίμνη. Όταν εκβάλλουμε δαίμονες πρέπει να το πράττουμε με τον Λόγο της αλήθειας, η οποία συμβολίζεται με το νερό. Όταν οι άνθρωποι είδαν τον άνδρα αυτόν, τον οποίον δεν μπορούσε να συγκρατήσει η ανθρώπινη δύναμη, ξαφνικά να κάθεται εντελώς γιατρεμένος, ντυμένος, και στα λογικά του, φοβήθηκαν.

Σήμερα πώς μπορούμε να αποβάλλουμε δαίμονες; Πρέπει να αποβάλλονται στο όνομα του Ιησού Χριστού στο νερό, το οποίο συμβολίζει τον Λόγο, ή στη φωτιά, η οποία συμβολίζει το Άγιο Πνεύμα, ώστε να χάσουν οι δαίμονες την δύναμή τους. Όμως, εφόσον οι δαίμονες είναι πνευματικά όντα, θα αποβληθούν όταν προσευχηθεί άτομο το οποίο έχει την εξουσία ν' αποβάλλει δαίμονες. Όταν άτομο δίχως πίστη προσπαθήσει να τους εκβάλλει, οι δαίμονες θα τον μειώσουν ή θα τον κοροϊδέψουν. Επομένως, για να γιατρευτεί κάποιος που είναι δαιμονισμένος, πρέπει να προσευχηθεί γι' αυτόν άνθρωπος του Θεού με την εξουσία να τους εκβάλλει.

Όμως, πού και πού, οι δαίμονες δεν φεύγουν ακόμη και όταν άνθρωπος του Θεού προσπαθεί να τους κυνηγήσει στο όνομα του Ιησού Χριστού. Αυτό συμβαίνει επειδή ο δαιμονισμένος είχε βλασφημήσει ή είχε μιλήσει ενάντια στο Άγιο Πνεύμα (Κατά Ματθαίον 12:31, Κατά Λουκάν 12:10). Για ορισμένα δαιμονισμένα άτομα που αμαρτάνουν εκουσίως ενώ έχουν λάβει τη γνώση της αλήθειας, δεν μπορεί να εκδηλωθεί η θεραπεία (Προς Εβραίους 10:26).

Επίσης, στο Προς Εβραίους εδάφιο 6:4-6 αναφέρεται, «*Επειδή, είναι αδύνατον αυτοί που μια φορά φωτίστηκαν, και γεύτηκαν την επουράνια δωρεά, που έγιναν μέτοχοι του Αγίου Πνεύματος, και γεύτηκαν τον καλό λόγο του Θεού, και τις δυνάμεις του μέλλοντα αιώνα, και έπειτα, αφού παρέπεσαν, είναι αδύνατον να τους ανακαινίζει κανείς ξανά σε μετάνοια, ανασταυρώνοντας στον εαυτό τους τον Υιό του Θεού, και καταντροπιάζοντας.*»

Τώρα που το μάθαμε αυτό, είναι ανάγκη να φρουρούμε τον εαυτό μας για να μην πράττουμε ποτέ αμαρτίες για τις οποίες δεν είναι δυνατόν να λάβουμε συγχώρεση. Πρέπει, επίσης, να διακρίνουμε αληθινά εάν κάποιος που είναι δαιμονισμένος μπορεί να γιατρευτεί με προσευχή.

2) Εξοπλιστείτε με την Αλήθεια

Όταν οι δαίμονες αποβληθούν από τους ανθρώπους, αυτοί πρέπει να γεμίσουν τις καρδιές τους με ζωή και αλήθεια διαβάζοντας επιμελώς τον Λόγο του Θεού, δοξάζοντας και προσευχόμενοι. Ακόμη κι όταν αποβληθούν οι δαίμονες, αν οι άνθρωποι αυτοί συνεχίσουν να ζουν στην αμαρτία χωρίς να οπλιστούν με την αλήθεια, οι κυνηγημένοι δαίμονες θα επανέλθουν, και αυτή τη φορά, θα συντροφεύονται από άλλους πιο μοχθηρούς δαίμονες. Να θυμάστε ότι η κατάσταση αυτών των ανθρώπων θα είναι πολύ χειρότερη από την πρώτη φορά που είχαν μπει μέσα τους οι δαίμονες.

Στο Κατά Ματθαίον εδάφιο 12:43-45, ο Ιησούς μάς λέει τα ακόλουθα:

> *Και όταν το ακάθαρτο πνεύμα βγει από τον άνθρωπο, περνάει μέσα από άνυδρους τόπους, και ζητάει ανάπαυση, και δεν βρίσκει. Τότε λέει: Ας γυρίσω στο σπίτι μου, απ' όπου βγήκα. Και αφού έρθει, το βρίσκει αδειανό, σκουπισμένο και στολισμένο. Τότε, πηγαίνει και παίρνει μαζί του άλλα επτά πνεύματα πονηρότερα απ' αυτό, και αφού μπουν μέσα, κατοικούν εκεί· και γίνονται τα τελευταία χειρότερα από τα πρώτα. Έτσι θα είναι και σ' αυτή την πονηρή γενεά.*

Οι δαίμονες δεν πρέπει να αποβάλλονται απρόσεχτα. Επίσης, όταν οι δαίμονες κυνηγηθούν και βγουν από το άτομο, οι φίλοι και η οικογένεια του πρώην δαιμονισμένου πρέπει να καταλάβουν ότι τώρα έχει ανάγκη περισσότερη αγάπη από ποτέ πριν. Πρέπει να τον φροντίζουν με αφοσίωση και θυσία, και να τον οπλίσουν με την αλήθεια, μέχρι να λάβει απόλυτη θεραπεία.

5. Όλα είναι Δυνατά για Εκείνον Που Πιστεύει

Στο κατά Μάρκον εδάφιο 9:17-27 αναφέρεται μια περίπτωση θεραπείας όπου, βλέποντας την πίστη ενός πατέρα, ο Ιησούς γιάτρεψε τον γιο του από το πνεύμα που του είχε κλέψει την φωνή και από τα βάσανα της επιληψίας.

1) Είναι ανάγκη να δείξει η οικογένεια την πίστη της

Ένας γιος, στο Κατά Μάρκον κεφάλαιο 9, ήταν κωφάλαλος από την παιδική του ηλικία από δαιμονισμό. Δεν καταλάβαινε λέξη και ήταν αδύνατον να επικοινωνούν μαζί του. Επιπλέον, ήταν δύσκολο να διακρίνουν ποτέ θα του παρουσιασθούν τα συμπτώματα της επιληψίας. Ο πατέρας του, επομένως, ζούσε πάντα με φόβο και αγωνία, έχοντας χάσει κάθε ελπίδα στη ζωή.

Τότε ο πατέρας άκουσε για έναν άνθρωπο από την Γαλιλαία, ο οποίος έκανε θαύματα, αναστάινοντας τους νεκρούς και θεραπεύοντας διάφορες ασθένειες. Μια αχτίδα ελπίδας άρχισε να διεισδύει την απελπισία του πατέρα. Αν ήταν σωστά τα νέα αυτά, ο πατέρας πίστευε ότι ο άνθρωπος από την Γαλιλαία θα μπορέσει να θεραπεύσει και τον γιο του. Ψάχνοντας για μια καλή τύχη, ο πατέρας παρουσίασε τον γιο του ενώπιον του Ιησού και Του είπε, *«Αν μπορείς να κάνεις κάτι, βοήθησέ μας, δείχνοντας ευσπλαχνία για μας!»*

(Κατά Μάρκον 9:22).

Ο Ιησούς, ακούγοντας την θερμή παράκληση του πατέρα, είπε, *"Αν μπορείς;" Όλα είναι δυνατά για αυτόν που έχει πίστη»* (στ. 23) κι έκανε παρατήρηση στον πατέρα για την ελάχιστη πίστη του. Ο πατέρας είχε ακούσει για τα νέα αλλά δεν τα είχε πιστέψει στην καρδιά του. Αν ο πατέρας γνώριζε ότι ο Ιησούς ως Υιός του Θεού ήταν παντοδύναμος και η ίδια η αλήθεια, δεν θα είχε πει «Αν». Για να μας διδάξει ότι είναι αδύνατον να ευχαριστήσουμε τον Θεό δίχως πίστη, κι ότι είναι αδύνατον να λάβουμε απαντήσεις δίχως απόλυτη πίστη, ο Ιησούς είπε «ΑΝ μπορείς;» καθώς έκανε την παρατήρηση προς τον πατέρα για την «ελάχιστη πίστη» του.

Η πίστη γενικά διαιρείται σε δυο κατηγορίες. Με την «πίστη της σάρκας» ή με την «πίστη σαν γνώση», το άτομο πιστεύει σε αυτό που βλέπει. Η πίστη δια της οποίας μπορούμε να πιστεύουμε δίχως να βλέπουμε, είναι η «πνευματική πίστη», η «αληθινή πίστη», η «ζωντανή πίστη», η « πίστη που συνοδεύεται με πράξεις». Τέτοιου είδους πίστη μπορεί να δημιουργήσει το κάτι από το τίποτε. Ο ορισμός της «πίστης» σύμφωνα με την Βίβλο είναι *«πεποίθηση γι' αυτά που ελπίζονται, βεβαίωση για πράγματα που δεν βλέπονται»* (Προς Εβραίους 11:1).

Όταν ο κόσμος υποφέρει από νόσους που γιατρεύονται από τον άνθρωπο, μπορεί να θεραπευθεί, καθώς οι ασθένειες καίγονται με την φωτιά του Αγίου Πνεύματος, όταν δείξει την πίστη του και όταν γεμίσει με το Άγιο

Πνεύμα. Όταν ο αρχάριος στην ζωή της πίστης αρρωστήσει, μπορεί να θεραπευτεί όταν θα ανοίξει την καρδιά του, όταν ακούσει τον Λόγο, και όταν δείξει την πίστη του. Αν ένας ώριμος Χριστιανός με πίστη αρρωστήσει, μπορεί να θεραπευτεί όταν αλλάξει τις συνήθειές του με μεταμέλεια.

Όταν οι άνθρωποι υποφέρουν από νόσους που δεν γιατρεύονται από την ιατρική επιστήμη, πρέπει να δείξουν πίστη που είναι σε αναλογία πιο τρανή. Αν ένας ώριμος Χριστιανός με πίστη αρρωστήσει, μπορεί να θεραπευτεί όταν θα ανοίξει την καρδιά του, όταν μετανοήσει ξεσχίζοντας την καρδιά του, και όταν θα προσφέρει θερμή προσευχή. Αν αρρωστήσει κάποιος με ελάχιστη ή με καθόλου πίστη, δεν πρόκειται να γιατρευτεί μέχρι να λάβει πίστη, και αναλόγως με την ανάπτυξη της πίστης του, θα εκδηλωθεί το έργο της θεραπείας.

Οι σωματικός ανάπηροι, οι έχοντες σώματα παραμορφωμένα και εκείνοι με κληρονομικές ασθένειες, μπορούν να θεραπευτούν μονάχα από θαύμα Θεού. Έτσι, πρέπει να δείξουν αφοσίωση στον Θεό και να του δείξουν πίστη με την οποία θα είναι ικανοί να Τον αγαπούν και να Τον ευχαριστήσουν. Μόνο έτσι θα αναγνωρίσει ο Θεός την πίστη τους και θα εκδηλώσει θεραπεία. Όταν οι άνθρωποι δείχνουν την ένθερμη πίστη τους στον Θεό – κατά τον ίδιον τρόπο που φώναζε τον Ιησού ο Βαρτίμαιος (Κατά Μάρκον 10:46-52), ή με τον τρόπο που ένας εκατόνταρχος απέδειξε την τρανή πίστη του στον Ιησού (Κατά Ματθαίον 8:5-13), καθώς και με τον τρόπο που ο παραλυτικός και οι τέσσερις φίλοι του έδειξαν πίστη και αφοσίωση (Κατά Μάρκον 2:3-12) – τότε ο Θεός θα τους θεραπεύσει.

Παρομοίως, εφόσον οι δαιμονισμένοι δεν μπορούν να γιατρευτούν δίχως το έργο του Θεού, κι είναι ανίκανοι να δείξουν την πίστη τους οι ίδιοι, για να έρθει γιατρειά εκ των ουρανών, τα αλλά μέλη της οικογένειάς τους πρέπει να πιστεύουν στον παντοδύναμο Θεό και να παρουσιασθούν ενώπιον Του.

2) Οι άνθρωποι πρέπει να κατέχουν την πίστη δια της οποίας θα μπορέσουν να πιστέψουν

Ο Ιησούς αρχικά είχε κάνει παρατήρηση στον πατέρα του γιου που ήταν για πολύ καιρό δαιμονισμένος, λόγω της ελάχιστης πίστης του. Όταν είπε ο Ιησούς με βεβαιότητα, *«Όλα είναι δυνατά για αυτόν που πιστεύει»* στον άνθρωπο (Κατά Μάρκον 9:23), τα χείλη του πατέρα έδωσαν θετική ομολογία, *«Εγώ πιστεύω»*. Ωστόσο η πίστη του ήταν περιορισμένη στις γνώσεις. Γι' αυτό ο πατέρας παρακάλεσε τον Ιησού, *«[βοήθησε με να υπερνικήσω] την απιστία μου!»* (Κατά Μάρκον 9:24). Ακούγοντας την ικεσία του πατέρα, του οποίου την ειλικρινή καρδιά, την θερμή προσευχή και την πίστη γνώριζε ο Ιησούς, έδωσε στον πατέρα την πίστη μέσω της οποίας τώρα θα μπορούσε να πιστέψει.

Κατά τον ίδιον τρόπο, καλώντας τον Θεό, είναι δυνατόν να λάβουμε την πίστη με την οποία θα μπορούμε να πιστεύουμε, και με τέτοια πίστη θα είμαστε άξιοι να λαμβάνουμε απαντήσεις για τα προβλήματά μας, και «το αδύνατο» θα γίνει «δυνατό».

Μόλις ο πατέρας κατάφερε να αποκτήσει πίστη μέσω της οποίας ήταν ικανός να πιστεύει, όταν ο Ιησούς διέταξε, *«Το πνεύμα, το άλαλο και το κουφό, εγώ σε προστάζω: Βγες απ' αυτόν, και στο εξής μη μπεις μέσα σ' αυτόν»*, το ακάθαρτο πνεύμα εγκατέλειψε τον γιο με κραυγές (Κατά Μάρκον 9:25-27). Καθώς τα χείλη τού πατέρα παρακαλούσαν για την πίστη με την οποία θα μπορούσε να πιστέψει, κι ενώ λαχταρούσε την επέμβαση του Θεού – ακόμη και μετά την παρατήρηση που του έκανε ο Ιησούς – ο Ιησούς εκδήλωσε καταπληκτικό έργο θεραπείας.

Ο Ιησούς ανταποκρίθηκε και έδωσε απόλυτη γιατρειά και στον γιο ενός πατέρα τον οποίο είχε κυριέψει ένα πνεύμα κλέβοντάς του την ομιλία, ενώ υπέφερε και από επιληψία, έπεφτε κάτω συχνά, άφριζε απ' το στόμα, έτριζε τα δόντια του, και γινόταν άκαμπτος. Τότε, σε εκείνους που πιστεύουν στην δύναμη του Θεού μέσω της οποίας όλα είναι δυνατά, και που ζουν με τον Λόγο Του, δεν θα επέτρεπε να πάνε γι' αυτούς όλα καλά και δεν θα τους καθοδηγούσε να ζουν υγιείς ζωές.

Σύντομα μετά την ίδρυση της εκκλησίας Μάνμιν, ένας νεαρός από την επαρχία Γκανγκ-Γον επισκέφθηκε την εκκλησία έχοντας ακούσει τα νέα περί αυτής. Ο νεαρός αυτός είχε την εντύπωση ότι υπηρετούσε πιστά τον Θεό ως δάσκαλος του Κυριακάτικου Κατηχητικού και ως μέλος της χορωδίας. Κι όμως, επειδή ήταν υπερβολικά περήφανος και δεν απέβαλε το κακό από την καρδιά του, αλλά αντιθέτως συσσώρευε αμαρτίες, υπέφερε αφότου ένας δαίμονας εισήλθε στην ακάθαρτη καρδιά του και άρχισε να κατοικεί εκεί. Το έργο της θεραπείας εκδηλώθηκε με την θερμή προσευχή και την αφοσίωση του πατέρα του. Αφού εξακριβώθηκε η ταυτότητα του δαίμονα και τον απέβαλαν με προσευχή, ο νεαρός άφρισε από το στόμα, τινάχθηκε προς τα πίσω, και έβγαλε μια απαίσια οσμή. Μετά από αυτό το επεισόδιο, η ζωή του νεαρού ανανεώθηκε, καθώς όπλισε τον εαυτό του με την αλήθεια στον ναό Μάνμιν. Σήμερα, υπηρετεί πιστά την εκκλησία του πίσω στο Γκανγκ-Γον και δοξάζει τον Θεό μοιραζόμενος την χάρη της μαρτυρίας της θεραπείας του με αναρίθμητους ανθρώπους.

Προσεύχομαι στο όνομα του Κυρίου να φτάσετε στο σημείο να καταλάβετε ότι η έκταση του έργου του Θεού είναι απεριόριστη και ότι μέσω αυτής τα πάντα είναι δυνατά, ώστε όταν ζητάτε με προσευχή δεν θα γίνετε μονάχα ευλογημένο τέκνο του Θεού, αλλά και αγαπημένος Του άγιος, του οποίου όλα τα ζητήματα θα πηγαίνουν πάντα καλά!

Κεφάλαιο 7

Η Πίστη και η Υπακοή του Νεεμάν του Λεπρού

Τότε, ήρθε ο Νεεμάν μαζί με
τα άλογά του και με την άμαξά του,
και στάθηκε στη θύρα του σπιτιού του Ελισσαιέ.
Και έστειλε σ' αυτόν ο Ελισσαιέ έναν αγγελιοφόρο,
λέγοντας: «Πήγαινε, βουτήξου μέσα στον Ιορδάνη επτά φορές,
και θα επανέλθει η σάρκα σου σε σένα, και θα καθαριστείς.»
Τότε, κατέβηκε, και βυθίστηκε επτά φορές στον Ιορδάνη,
σύμφωνα με τον λόγο του ανθρώπου του Θεού·
και η σάρκα του αποκαταστάθηκε
σαν τη σάρκα μικρού παιδιού,
και καθαρίστηκε.

Βασιλέων Β' 5:9-10, 14

1. Ο Στρατηγός Νεεμάν ο Λεπρός

Κατά την διάρκεια της ζωής μας, αντιμετωπίζουμε προβλήματα μεγάλα και μικρά. Μερικές φορές αντικρίζουμε προβλήματα που υπερβαίνουν τις ανθρώπινες ικανότητες.

Σε ένα κράτος λεγόμενο Αράμ, βόρια από το Ισραήλ, υπήρχε ένας αρχιστράτηγος που λεγόταν Νεεμάν. Είχε οδηγήσει τον στρατό του Αράμ σε νίκη κατά την πιο κρίσιμη περίοδο αυτού του έθνους. Ο Νεεμάν αγαπούσε την πατρίδα του και υπηρετούσε πιστά τον βασιλιά του. Παρόλο που ο βασιλιάς είχε μεγάλη εκτίμηση στον Νεεμάν, ο στρατηγός ζούσε με αγωνία λόγω κάποιου μυστικού για το οποίο κανείς άλλος δεν γνώριζε.

Ποια ήταν η αιτία της αγωνίας του; Ο Νεεμάν δεν είχε αγωνία επειδή του έλειπαν πλούτη ή φήμη. Ο Νεεμάν ένιωθε πίκρα και δεν έβρισκε καμία ευτυχία στη ζωή λόγω του ότι είχε λέπρα, ασθένεια ανίατη, την οποία τα φάρμακα της εποχής του δεν μπορούσαν να γιατρέψουν.

Την εποχή του Νεεμάν, οι άνθρωποι που υπέφεραν από λέπρα θεωρούνταν ακάθαρτοι. Αναγκάζονταν να ζουν απομονωμένοι έξω από τα σύνορα της πόλης. Ο Νεεμάν υπέφερε πιο έντονα διότι, μαζί με τον πόνο, υπήρχαν άλλα προβλήματα που συνόδευαν αυτή τη νόσο. Τα συμπτώματα της λέπρας περιλάμβαναν κηλίδες στο σώμα, προπαντός στο πρόσωπο, στο εξωτερικό των μπράτσων και στους μηρούς, στη ράχη των ποδιών, καθώς και εκφυλισμό των αισθήσεων. Στις σοβαρές περιπτώσεις, έπεφταν τα φρύδια, τα νύχια των χεριών και των ποδιών, και γενικά ο άρρωστος είχε αποκρουστική εμφάνιση.

Μια μέρα, ο Νεεμάν, ο οποίος είχε πάθει ανίατη ασθένεια και ήταν ανίκανος να βρει χαρά στη ζωή του, άκουσε καλά νέα. Σύμφωνα με ένα νέο κορίτσι που είχε πάρει αιχμάλωτο από το Ισραήλ, και το οποίο υπηρετούσε την γυναίκα του, υπήρχε ένας προφήτης στη Σαμάρια ο οποίος είχε την ικανότητα να γιατρέψει την λέπρα του Νεεμάν. Επειδή δεν υπήρχε κάτι το οποίο δεν θα έκανε για να θεραπευθεί, ο Νεεμάν είπε στον βασιλιά του για την νόσο του και για τα νέα που άκουσε από την υπηρέτριά του. Ακούγοντας ότι ο πιστός του στρατηγός θα θεραπευόταν από την λέπρα αν πήγαινε να δει έναν προφήτη στη Σαμάρια, ο βασιλιάς βοήθησε τον Νεεμάν πρόθυμα και έγραψε κι επιστολή προς τον βασιλιά του Ισραήλ εκ μέρους του.

Ο Νεεμάν αναχώρησε για το Ισραήλ με δέκα αργυρά τάλαντα, με έξι χιλιάδες χρυσά σέκελ, με δέκα ενδυμασίες, και με την επιστολή του βασιλιά, η οποία έλεγε, *«Και, τώρα, καθώς θάρθει αυτή η επιστολή σε σένα, δες, έστειλα σε σένα τον Νεεμάν τον δούλο μου, για να τον γιατρέψεις από τη λέπρα του»* (στ. 6). Εκείνη την εποχή, το Αράμ ήταν πιο ισχυρό κράτος από το Ισραήλ. Διαβάζοντας την επιστολή από τον βασιλιά του Αραμ, ο βασιλιάς του Ισραήλ έσχισε τα ρούχα του και είπε, *«Είμαι ο Θεός; Γιατί στέλνει σε μένα κάποιον για να γιατρευτεί από λέπρα; Βλέπετε πώς πάει γυρεύοντας για καυγά!»* (στ. 7).

Όταν ο προφήτης του Ισραήλ, ο Ελισσαιέ, άκουσε αυτά τα νέα, παρουσιάσθηκε ενώπιον του βασιλιά και είπε, *«Γιατί ξέσχισες τα ιμάτιά σου; Ας έρθει τώρα σε μένα, και θα γνωρίσει ότι υπάρχει προφήτης μέσα στο Ισραήλ»* (στ. 8). Όταν ο βασιλιάς του Ισραήλ έστειλε τον Νεεμάν στο σπίτι του Ελισσαιέ, ο προφήτης δεν συναντήθηκε με τον στρατηγό, αλλά μονάχα μέσω αγγελιοφόρου τού είπε, *«Πήγαινε, βουτήξου μέσα στον Ιορδάνη επτά φορές, και θα επανέλθει η σάρκα σου σε σένα, και θα καθαριστείς»* (στ. 10).

Πόσο άβολα θα πρέπει να ένιωσε ο Νεεμάν, ο οποίος είχε πάει με τα άλογά του και με τις αμαξές του στο σπίτι του Ελισσαιέ, αλλά ο προφήτης ούτε τον υποδέχθηκε κι ούτε συναντήθηκε μαζί του; Ο στρατηγός αγρίεψε. Πίστευε ότι όταν ένας αρχιστράτηγος από έθνος ισχυρότερο από το Ισραήλ πραγματοποιούσε επίσκεψη, ο προφήτης θα τον υποδεχόταν εγκάρδια και θα τον άγγιζε ο ίδιος. Αντιθέτως, ο Νεεμάν έλαβε μια ψυχρή υποδοχή από τον προφήτη και του είπαν να πλυθεί στον μικρό και βρώμικο Ιορδάνη Ποταμό.

Οργισμένος, ο Νεεμάν σκέφθηκε να επιστρέψει σπίτι του, λέγοντας, *«Δέστε, εγώ έλεγα: "Σίγουρα θα βγει έξω σε μένα, και θα σταθεί, και θα επικαλεστεί το όνομα του Κυρίου του Θεού του, και θα κινήσει το χέρι του επάνω στον τόπο, και θα γιατρέψει τον λεπρό." Ο Αβανά και ο Φαρφάρ, τα ποτάμια της Δαμασκού, δεν είναι καλύτερα, περισσότερο από όλα τα νερά του Ισραήλ; Δεν μπορούσα να βουτηχτώ μέσα σ' αυτά, και να καθαριστώ;»* (στ. 11-12). Καθώς ετοιμαζόταν να αναχωρήσει για την πατρίδα του, οι υπηρέτες του Νεεμάν τον ικέτευσαν. *«Πατέρα μου, αν ο προφήτης σού έλεγε ένα μεγάλο πράγμα, δεν θα το έκανες; Πόσο μάλλον τώρα, όταν σου λέει: "Βουτήξου μέσα, και καθαρίσου";»* (στ. 13). Πίεσαν λοιπόν τον αφέντη τους να υπακούσει στις οδηγίες του Ελισσαιέ.

Τι συνέβη όταν ο Νεεμαν βυθίσθηκε στον Ιορδάνη Ποταμό εφτά φορές, όπως τον είχε καθοδηγήσει ο Ελισσαιέ; Η σάρκα του καθάρισε σαν μικρού αγοριού. Η λέπρα, η οποία είχε προξενήσει τόση πολλή αγωνία στον Νεεμάν, θεραπεύθηκε εντελώς. Όταν μια νόσος αθεράπευτη από ανθρώπους γιατρεύτηκε εντελώς με την υπακοή του Νεεμάν προς τον άνθρωπο του Θεού, ο στρατηγός αναγνώρισε τον ζωντανό Θεό και τον Ελισσαιέ, τον άνθρωπο του Θεού.

Μετά την εμπειρία της δύναμης του ζωντανού Θεού – του Θεού του Θεραπευτή της λέπρας – ο Νεεμάν επέστρεψε στον Ελισσαιέ, και εξομολογήθηκε, *«Και γύρισε στον άνθρωπο του Θεού, αυτός, και ολόκληρη η συνοδεία του, και ήρθε και στάθηκε μπροστά του· και είπε: "Δες, τώρα γνώρισα ότι δεν υπάρχει Θεός σε ολόκληρη τη γη, παρά μονάχα μέσα στο Ισραήλ· γι αυτό, τώρα, δέξου, παρακαλώ, ένα δώρο από τον δούλο σου." Κι εκείνος είπε: "Ζει ο Κύριος, μπροστά στον οποίον παραστέκομαι, δεν θα δεχθώ." Κι εκείνος τον βίαζε να δεχτεί, αλλά δεν έστερξε. Και ο Νεεμάν είπε: "Και αν όχι, ας δοθεί, παρακαλώ, στον δούλο σου ένα φορτίο δύο μουλαριών από τούτο το χώμα, επειδή ο δούλος σου δεν θα προσφέρει στο εξής ολοκαύτωμα ούτε θυσία σε άλλους θεούς, παρά μονάχα στον Κύριο"»* και δόξασε τον Θεό (Βασιλέων Β' 5:15-17).

2. Η Πίστη και οι Πράξεις του Νεεμάν

Τώρα, ας εξετάσουμε την πίστη και τις πράξεις του Νεεμάν, ο οποίος γνώρισε τον Θεραπευτή Θεό και γιατρεύτηκε από μία ανίατη ασθένεια.

1) Η καλή συνείδηση του Νεεμάν

Ορισμένοι άνθρωποι δέχονται πρόθυμα και πιστεύουν τα λόγια των άλλων, ενώ άλλοι πάλι έχουν την τάση πάντα να αμφιβάλλουν και να μην εμπιστεύονται τους άλλους. Επειδή ο Νεεμαν είχε αγαθή συνείδηση, δεν αγνόησε τα λόγια των άλλων, αλλά τα δέχτηκε με καλοσύνη. Μπόρεσε να πάει στο Ισραήλ, να υπακούσει τις οδηγίες του Ελισσαιέ, και να θεραπευθεί, επειδή δεν παραμέλησε, αλλά έδωσε μεγάλη προσοχή και πίστεψε στα λόγια ενός νεαρού κοριτσιού που υπηρετούσε την σύζυγό του. Όταν αυτό το νεαρό κορίτσι, την οποία είχαν πάρει ως αιχμάλωτη από το Ισραήλ, είπε στην γυναίκα του, *«Μακάρι ο αφέντης μου να πήγαινε να δει τον προφήτη που βρίσκεται στην Σαμάρια! Θα τον θεράπευε από την λέπρα του,»* (στ. 5) ο Νεεμάν την πίστεψε. Ας υποθέσουμε ότι εσείς βρισκόσαστε στην θέση του Νεεμάν. Τι θα κάνατε; Θα είχατε δεχεί τα λόγια της απόλυτα;

Παρά την πρόοδο της σύγχρονης ιατρικής σήμερα,

υπάρχουν πολλές ασθένειες κατά των οποίων η ιατρική είναι τελείως άχρηστη. Αν λέγατε σ' αλλά άτομα ότι γιατρευτήκατε από αθεράπευτες ασθένειες μέσω του Θεού, ή ότι γιατρευτήκατε μετά από προσευχή, πόσοι νομίζετε θα σας πίστευαν; Ο Νεεμάν πίστεψε στα λόγια της νεαρής κοπέλας, παρουσιάσθηκε ενώπιον του βασιλιά του για να πάρει άδεια, πήγε στο Ισραήλ, και έλαβε θεραπεία για την λέπρα του. Με αλλά λόγια, επειδή ο Νεεμαν είχε αγαθή συνείδηση, μπορούσε να δεχθεί τα λόγια ενός νεαρού κοριτσιού όταν του έδειξε τον δρόμο του Θεού, και μετά αντέδρασε ανάλογα. Πρέπει επίσης να καταλάβουμε ότι μπορούμε να λάβουμε απαντήσεις για τα προβλήματα μας μονάχα όταν πιστέψουμε στο κήρυγμα, και όταν παρουσιασθούμε ενώπιον του Θεού όπως ο Νεεμάν.

2) Ο Νεεμάν σύντριψε τις σκέψεις του

Όταν ο Νεεμάν πήγε στο Ισραήλ με την βοήθεια του βασιλιά του και έφθασε στο σπίτι του Ελισσαιέ, του προφήτη που μπορούσε να θεραπεύσει την λέπρα, έλαβε ψυχρή υποδοχή. Προφανώς θύμωσε όταν ο Ελισσαιέ, ο οποίος στα μάτια του άπιστου Νεεμάν δεν κατείχε ούτε φήμη ούτε κοινωνική θέση, δεν υποδέχθηκε με τιμές έναν πιστό υπηρέτη του βασιλιά του Αραμ, αλλά είπε στον Νεεμάν — μέσω αγγελιοφόρου — να πλυθεί στον Ιορδάνη Ποταμό εφτά φορές. Ο Νεεμαν οργίστηκε, διότι τον είχε στείλει προσωπικά ο βασιλιάς του Αράμ. Επιπλέον, ο Ελισσαιέ ούτε καν άγγιξε το σημείο της ασθένειας, αλλά είπε στον Νεεμάν ότι θα καθαρισθεί όταν λουσθεί σε έναν ποταμό τόσο μικρό και βρώμικο όπως ο Ιορδάνης Ποταμός.

Ο Νεεμάν θύμωσε με τον Ελισσαιέ και με την συμπεριφορά του προφήτη, την οποία δεν μπορούσε να καταλάβει με τις δικές του σκέψεις. Ετοιμάσθηκε για το ταξίδι της επιστροφής, σκεφτόμενος ότι υπήρχαν πολλά άλλα μεγαλύτερα και πιο καθαρά ποτάμια στην πατρίδα του, και θα καθαριζόταν αν λουζόταν σε ένα από αυτά. Εκείνη την στιγμή, οι υπηρέτες του Νεεμάν παρότρυναν τον κύριό τους να υπακούσει τις οδηγίες του Ελισσαιέ και να βουτήξει μεσ' τον Ιορδάνη Ποταμό.

Επειδή ο Νεεμάν είχε αγαθή συνείδηση, ο στρατηγός δεν φέρθηκε σύμφωνα με τις δικές του σκέψεις, αλλά αντιθέτως αποφάσισε να υπακούσει τις οδηγίες του Ελισσαιέ, και κατευθύνθηκε προς τον Ιορδάνη. Ανάμεσα στους ανθρώπους με κοινωνική θέση ισότιμη με του Νεεμάν, πόσοι από αυτούς θα μετανοούσαν και θα υπάκουαν την προειδοποίηση των υπηρετών τους, ή άλλων με κατώτερη κοινωνική θέση από την δικιά τους;

Όπως βλέπουμε στον Ησαΐα, χωρίο 55:8-9, *«Επειδή, οι βουλές μου δεν είναι βουλές σας ούτε οι δρόμοι σας οι δικοί μου δρόμοι, λέει ο Κύριος. Αλλ' όσο ψηλοί είναι οι ουρανοί από τη γη, έτσι και οι δρόμοι μου είναι ψηλότεροι από τους δρόμους σας, και οι βουλές μου από τις δικές σας βουλές»*, όταν εξαρτόμαστε από τις ανθρώπινες σκέψεις και θεωρίες, δεν μπορούμε να υπακούσουμε τον Λόγο του Θεού. Ας θυμηθούμε το τέλος του βασιλιά Σαούλ ο οποίος είχε παρακούσει τον Θεό. Όταν υιοθετούμε τις ανθρώπινες σκέψεις και δεν σεβόμαστε το θέλημα του Θεού, αυτή είναι πράξη ανυπακοής, κι αν δεν αναγνωρίσουμε την ανυπακοή μας, πρέπει να θυμόμαστε ότι ο Θεός θα μας εγκαταλείψει και θα μας απορρίψει με τον ίδιο τρόπο που εγκατέλειψε τον βασιλιά Σαούλ.

Στην Α' Επιστολή του Σαμουήλ, εδάφιο 15:22-23, διαβάζουμε, *«Και ο Σαμουήλ είπε: Μήπως ο Κύριος αρέσκεται στα ολοκαυτώματα και στις θυσίες, όπως στο να υπακούμε στη φωνή του Κυρίου; Δες, η υποταγή είναι καλύτερη από τη θυσία· η υπακοή, παρά το πάχος των κριαριών·επειδή, η απείθεια είναι όπως το αμάρτημα της μαγείας· και το πείσμα, όπως η ασέβεια και η ειδωλολατρεία· επειδή, εσύ απέρριψες τον λόγο του Κυρίου, γι' αυτό και ο Κύριος σε απέρριψε από το να είσαι βασιλιάς.»* Ο Νεεμάν το ξανασκέφθηκε και αποφάσισε να συντρίψει τις δικές του σκέψεις και να ακολουθήσει τις οδηγίες του Ελισσαιέ, του ανθρώπου του Θεού.

Παρομοίως, πρέπει να θυμόμαστε ότι μονάχα όταν απορρίπτουμε τις ανυπάκουες καρδιές μας και όταν τις μεταμορφώσουμε σε καρδιές υπακοής ανάλογα με την βούληση του Θεού, τότε θα κατορθώσουμε τις επιθυμίες της καρδιάς μας.

3) Ο Νεεμάν υπάκουσε τον λόγο του προφήτη

Ακολουθώντας τις οδηγίες του Ελισσαιέ,ο Νεεμάν κατέβηκε στον Ιορδάνη Ποταμό και πλύθηκε. Υπήρχαν πολλοί άλλοι ποταμοί, οι οποίοι ήταν μεγαλύτεροι και καθαρότεροι από τον Ιορδάνη, αλλά η οδηγία του Ελισσαιέ να πάει στον Ιορδάνη είχε πνευματική σημασία. Ο Ιορδάνης Ποταμός συμβολίζει την σωτηρία, ενώ το νερό συμβολίζει τον λόγο του Θεού, ο οποίος εξαγνίζει τις αμαρτίες του κόσμου και τους επιτρέπει να φθάσουν στην σωτηρία (Κατά Ιωαννην 4:14). Γι' αυτό ο Ελισσαιέ ήθελε να λουσθεί ο Νεεμάν στον Ιορδάνη Ποταμό, που θα τον οδηγούσε στην σωτηρία του. Ασχέτως πόσο πιο μεγάλοι ή πιο καθαροί είναι ορισμένοι άλλοι ποταμοί, δεν οδηγούν τον κόσμο στην σωτηρία, και δεν έχουν καμία σχέση με τον Θεό, κι έτσι σ' εκείνα τα νερά δεν μπορεί να εκδηλωθεί το έργο του Θεού.

Όπως μας λέει ο Ιησούς στο Κατά Ιωάννην εδάφιο 3:5, *«Σε διαβεβαιώνω απόλυτα, αν κάποιος δεν γεννηθεί από νερό και Πνεύμα, δεν μπορεί να μπει μέσα στη βασιλεία του Θεού.»* Με το που πλύθηκε στον Ιορδάνη Ποταμό, άνοιξε για τον Νεεμάν η οδός για να λάβει συγχώρηση για τις αμαρτίες του, σωτηρία, και για να γνωρίσει τον ζωντανό Θεό.

Γιατί, τότε, ειπώθηκε στον Νεεμάν να πλυθεί εφτά φορές; Ο αριθμός 7 είναι απόλυτος αριθμός ο οποίος συμβολίζει την τελειότητα. Συμβουλεύοντας τον Νεεμάν να πλυθεί εφτά φορές, ο Ελισσαιέ ουσιαστικά έλεγε στον στρατηγό να λάβει συγχώρηση για τις αμαρτίες του και να ζει πλήρως με τον Λόγο του Θεού. Μόνο τότε, ο Θεός για τον οποίο όλα είναι δυνατά, θα εκδηλώσει το έργο της θεραπείας και θα γιατρέψει οποιαδήποτε αθεράπευτη νόσο.

Επομένως, μάθαμε ότι ο Νεεμάν έλαβε θεραπεία για

την λέπρα του, κατά της οποίας η ιατρική επιστήμη και η ανθρώπινη δύναμη ήταν μάταιες, επειδή υπάκουσε τον λόγο του προφήτη. Περί τούτου, η Γραφή μάς λέει καθαρά, *«Επειδή, ο λόγος του Θεού είναι ζωντανός, και ενεργός, και κοφτερότερος περισσότερο από κάθε δίκοπη μάχαιρα, και εισχωρεί βαθιά, μέχρι διαίρεσης και της ψυχής και του πνεύματος, μέχρι τους συνδέσμους και τους μυελούς, και διερευνάει τους συλλογισμούς και τις έννοιες της καρδιάς. Και κανένα κτίσμα δεν είναι αφανές μπροστά του, αλλ' είναι όλα γυμνά και εκτεθειμένα στα μάτια του, προς τον οποίο έχουμε να δώσουμε λόγο»* (Προς Εβραίους 4:12-13).

Ο Νεεμάν εμφανίσθηκε μπροστά στον Θεό για τον οποίο τίποτε δεν είναι αδύνατο, σύνθλιψε τις σκέψεις του, μετανόησε, και υπάκουσε το θέλημα Του. Καθώς ο Νεεμάν βυθιζόταν εφτά φορές στον Ιορδάνη Ποταμό, ο Θεός είδε την πίστη του, τον γιάτρεψε από την λέπρα του, και η σάρκα του Νεεμάν επουλώθηκε και έγινε καθαρή σαν μικρού παιδιού.

Δίνοντας μας μια ξεκάθαρη απόδειξη, η οποία επιβεβαιώνει ότι η γιατρειά της λέπρας ήταν δυνατή μονάχα μέσω της δύναμης του, ο Θεός μάς λέει ότι κάθε αθεράπευτη νόσος μπορεί να γιατρευτεί όταν Τον ευχαριστούμε με την πίστη μας, η οποία συνοδεύεται με Πράξεις.

3. Ο Νεεμάν δοξάζει τον Θεό

Μόλις ο Νεεμάν γιατρεύτηκε από την λέπρα του, επέστρεψε στον Ελισσαιέ, και ομολόγησε, *«Τώρα γνωρίζω ότι εκτός από το Ισραήλ αλλού σ' όλη την γη δεν υπάρχει Θεός...ο δούλος σου δεν πρόκειται να ξαναπροσφέρει ολοκαύτωμα ούτε θυσίες σε άλλον θεό παρά μόνο στον ΚΥΡΙΟ,»* (Βασιλέων Β' 5:15-17) και δόξασε τον Θεό.

Στο Κατά Λουκάν χωρίο 17:11-19 υπάρχει μία σκηνή όπου δέκα άνθρωποι συναντούν τον Ιησού και θεραπεύονται από την λέπρα. Και όμως, μόνο ένας από αυτούς επέστρεψε στον Ιησού, δοξάζοντας τον Θεό με δυνατή φωνή, και ρίχτηκε στα πόδια του Ιησού και τον ευχαρίστησε. Στους στίχους 17-18, ο Ιησούς ρωτάει τον άντρα, *«Δεν καθαρίστηκαν οι δέκα; Οι δε εννιά πού είναι; Δεν βρέθηκαν άλλοι να επιστρέψουν για να δοξάσουν τον Θεό, παρά μονάχα αυτός ο αλλογενής;»*. Στον ακόλουθο στίχο 19, Εκείνος τότε είπε στον άντρα, *«Σήκω και πήγαινε. Η πίστη σου σε έσωσε.»* Αν λάβουμε θεραπεία με την δύναμη του Θεού, δεν φτάνει μόνο να δοξάζουμε τον Θεό, να δεχτούμε τον Ιησού Χριστό, και να φτάσουμε στην σωτηρία, αλλά πρέπει επίσης να ζούμε και σύμφωνα με τον Λόγο του Θεού.

Ο Νεεμάν είχε το είδος της πίστης και τις πράξεις διά των οποίων μπόρεσε να γιατρευτεί από την λέπρα, αρρώστια αθεράπευτη κατά την εποχή του. Είχε αγαθή συνείδηση, ώστε να πιστέψει στα λόγια της νεαρής υπηρέτριάς του, την οποία είχε πάρει αιχμάλωτη. Είχε το είδος πίστης μέσω της οποίας ετοίμασε πολύτιμο δώρο για να επισκεφθεί τον προφήτη. Έδειξε την πράξη της υπακοής, παρόλο που οι οδηγίες του προφήτη Ελισσαιέ δεν συμφωνούσαν με τις δικές του σκέψεις.

Ο Νεεμάν, ένας ειδωλολάτρης, υπέφερε από αθεράπευτη ασθένεια, αλλά μέσω αυτής της ασθένειας γνώρισε τον ζωντανό Θεό και την εμπειρία του έργου της θεραπείας. Οποιοσδήποτε εμφανισθεί ενώπιον του παντοδύναμου Θεού και δείξει την πίστη και τις πράξεις του θα λάβει απαντήσεις σε όλα του τα προβλήματα ασχέτως πόσο δύσκολα μπορεί να είναι.

Προσεύχομαι στο όνομα του Κυρίου, μακάρι να έχετε πολύτιμη πίστη, να δείξετε αυτήν την πίστη με πράξεις, να λάβετε απαντήσεις για όλα τα προβλήματα της ζωής, και να γίνετε ευλογημένος άγιος που δοξάζει τον Θεό.

Σχετικά με τον Συγγραφέα,
Δρα Τζέροκ Λι

Ο Δρ Τζέροκ Λι γεννήθηκε στο Μουάν, στην επαρχία Τζεονάμ της Δημοκρατίας της Κορέας, το 1943. Στα είκοσι και κάτι, ο Δρ Λι έπασχε από μια ποικιλία από ανίατες ασθένειες για επτά χρόνια, και περίμενε τον θάνατο χωρίς ελπίδα ανάρρωσης. Μια μέρα όμως, την άνοιξη του 1974, οδηγήθηκε σε μια εκκλησία από την αδελφή του, και όταν γονάτισε να προσευχηθεί, ο Θεός τον θεράπευσε αμέσως από όλες τις ασθένειες του.

Από τη στιγμή που ο Δρ Λι συνάντησε τον πραγματικό Θεό, μέσα από αυτή την υπέροχη εμπειρία, αγάπησε τον Θεό με όλη του την καρδιά και την ειλικρίνειά του, και το 1978 κλήθηκε να γίνει υπηρέτης του Θεού. Προσευχήθηκε θερμά για να μπορέσει να κατανοήσει πλήρως το θέλημα του Θεού, να το φέρει εις πέρας, και να υπακούει όλα τα Λόγια του Θεού. Το 1982, ίδρυσε την Κεντρική Εκκλησία Μάνμιν στη Σεούλ της Κορέας, και αμέτρητα έργα του Θεού, συμπεριλαμβανομένων θαυματουργών θεραπειών και θαυμάτων, λαμβάνουν χώρα στην εκκλησία του.

Το 1986, ο Δρ Λι χειροτονήθηκε ως πάστορας στην ετήσια συνέλευση της Εκκλησίας του Ιησού «Σουνγκιούλ» της Κορέας, και τέσσερα χρόνια αργότερα, το 1990, τα κηρύγματά του άρχισαν να μεταδίδονται στην Αυστραλία, στη Ρωσία, στις Φιλιππίνες, και σε πολλά άλλα μέρη μέσω της Far East Broadcasting Company, του σταθμού Asia Broadcast Station, και του Washington Christian Radio System.

Τρία χρόνια αργότερα, το 1993, η Κεντρική Εκκλησία Μάνμιν επιλέχθηκε ως μία από τις «50 Καλύτερες Εκκλησίες στον Κόσμο» από το χριστιανικό περιοδικό Christian World (ΗΠΑ), και εκείνος έλαβε Επίτιμο Διδακτορικό Δίπλωμα Θεολογίας από το Christian Faith College στην Φλόριντα, ΗΠΑ, και το 1996 Διδακτορικό Δίπλωμα Διακονίας από το Kingsway Theological Seminary, στην Iowa, ΗΠΑ.

Από το 1993, ο Δρ Λι έχει αναλάβει ηγετικό ρόλο στην παγκόσμια ιεραποστολή, μέσα από πολλές υπερπόντιες σταυροφορίες στην Τανζανία, στην Αργεντινή, στο Λος Άντζελες, στη Βαλτιμόρη, στη Χαβάη και στην πόλη της Νέας Υόρκης στις ΗΠΑ, αλλά και στην Ουγκάντα, στην

Ιαπωνία, στο Πακιστάν, στην Κένυα, στις Φιλιππίνες, στην Ονδούρα, στην Ινδία, στην Ρωσία, στην Γερμανία, στο Περού, στην Λαϊκή Δημοκρατία του Κονγκό, και το Ισραήλ. Το 2002 αναγορεύτηκε «παγκόσμιος πάστορας» από μεγάλες χριστιανικές εφημερίδες στην Κορέα για την εργασία του στις διάφορες υπερπόντιες Μεγάλες Ηνωμένες Σταυροφορίες.

Τον Αυγουτον του 2017, η Κεντρική Εκκλησία Μάνμιν είχε ως εκκλησίασμα περισσότερα από 120.000 μέλη. Υπάρχουν 11.000 εγχώρια και ξένα παραρτήματα εκκλησιών σε όλο τον κόσμο, και μέχρι σήμερα έχουν ανατεθεί περισσότεροι από 102 ιεραπόστολοι σε 23 χώρες, συμπεριλαμβανομένων των Ηνωμένων Πολιτειών, της Ρωσίας, της Γερμανίας, του Καναδά, της Ιαπωνίας, της Κίνας, της Γαλλίας, της Ινδίας, της Κένυας, και σε πολλά άλλα μέρη.

Μέχρι την ημερομηνία της παρούσας δημοσίευσης, ο Δρ Λι έχει γράψει 108 βιβλία, συμπεριλαμβανομένων των μπεστ σέλερ *Γεύση της Αιώνιας Ζωής πριν τον θάνατο, Η ζωή μου Η Πίστη μου I & II, Το μήνυμα του Σταυρού, το μέτρο της Πίστης, Ο Παράδεισος I & II, Η Κόλαση,* και η δύναμη του Θεού. Τα έργα του έχουν μεταφραστεί σε περισσότερες από 76 γλώσσες.

Οι χριστιανικές του στήλες δημοσιεύονται στα The Hankook Ilbo, The JoongAng Daily, The Chosun Ilbo, The Dong-A Ilbo, The Seoul Shinmun, The Kyunghyang Shinmun, The Hankyoreh Shinmun, The Korea Economic Daily, The Shisa News, και στο The Christian Press.

Ο Δρ Λι ηγείται αυτή τη στιγμή πολλών ιεραποστολικών οργανώσεων και ενώσεων, και είναι, μεταξύ άλλων, πρόεδρος της Ηνωμένης Αγίας Εκκλησίας του Ιησού Χριστού, Μόνιμος Πρόεδρος της Παγκόσμιας Ένωσης Ιεραποστολικής Αναγέννησης του Χριστιανισμού· Ιδρυτής & Πρόεδρος του Διοικητικού Συμβουλίου του Παγκόσμιου Χριστιανικού Δικτύου (GCN)· Ιδρυτής & Πρόεδρος του Διοικητικού Συμβουλίου του Παγκόσμιου δικτύου Χριστιανών Γιατρών (WCDN)· και Ιδρυτής & Πρόεδρος του Διοικητικού Συμβουλίου της Διεθνούς Ιερατικής Σχολής Μάνμιν (MIS).

Άλλα ισχυρά βιβλία του ίδιου συγγραφέα

Ο Παράδεισος Ι & ΙΙ

Μια λεπτομερής εικόνα του πανέμορφου περιβάλλοντος που απολαμβάνουν οι πολίτες των ουρανών, και μια όμορφη περιγραφή των διαφόρων επιπέδων του βασιλείου των ουρανών.

Το Μήνυμα του Σταυρού

Ένα ισχυρό μήνυμα αφύπνισης για όλους τους ανθρώπους που πνευματικά κοιμούνται! Σε αυτό το βιβλίο, θα βρείτε το γιατί ο Ιησούς είναι ο μόνος Σωτήρας, και την αληθινή αγάπη του Θεού.

Η Κόλαση

Ένα ειλικρινές μήνυμα προς όλη την ανθρωπότητα από τον Θεό, ο οποίος δεν επιθυμεί ούτε καν μια ψυχή να πέσει στα βάθη της Κόλασης! Θα ανακαλύψετε μια πρωτοφανή περιγραφή της σκληρής πραγματικότητας του Κάτω Άδη και της Κόλασης.

Το Μέτρο της Πίστης

Τι είδους τόπος κατοικίας, στέμμα και ανταμοιβές έχουν προβλεφθεί για σας στον Παράδεισο; Το βιβλίο αυτό σας προσφέρει σοφία και καθοδήγηση, για να μετρήσετε την πίστη σας, και να καλλιεργήσετε την καλύτερη και την πιο ώριμη πίστη.

Η ζωή μου, Η Πίστη μου I

Το πιο αρωματικό πνευματικό άρωμα που προέρχεται από μια ζωή που άνθισε με την απαράμιλλη αγάπη για τον Θεό, στη μέση σκοτεινών κυμάτων, του κρύου ζυγού και της απόλυτης απελπισίας.

Η ζωή μου, Η Πίστη μου II

Μια συγκινητική μαρτυρία αληθινής πίστης, για την υπέρβαση κάθε είδους δοκιμασίας, και των πύρινων έργων του Αγίου Πνεύματος, που εμφανίζονται σε μια εκκλησία με αληθινή πίστη.

Το Αφυπνισμένο Ισραήλ

Γιατί ο Θεός διατηρεί την ματιά του στο Ισραήλ από την αρχή του κόσμου μέχρι σήμερα; Τι είδους πρόνοια έχει ετοιμαστεί για το Ισραήλ τις τελευταίες ημέρες, περιμένοντας το Μεσσία;

Η Δύναμη του Θεού

Ένα απαραίτητο βιβλίο που λειτουργεί ως βασικός οδηγός, με το οποίο μπορεί κανείς να αποκτήσει αληθινή πίστη και την εμπειρία της θαυμαστής δύναμης του Θεού.

www.urimbooks.com

www.ingramcontent.com/pod-product-compliance
Lightning Source LLC
LaVergne TN
LVHW041708060526
838201LV00043B/630